# Un gran fin de semana
## en Marrakech

# Un gran fin de semana
## en Marrakech

**Ciudad mágica por excelencia, la antigua capital de las grandes dinastías bereberes aún fascina por sus contrastes. Testigo de una historia en la que se han sucedido la gloria y la decadencia, ha sabido conservar su aspecto milenario aunque haya entrado en la modernidad. Encrucijada geográfica y cultural desde su fundación, la ciudad ha atraído desde siempre a numerosos viajeros.**

El encanto de Marrakech aún perdura y atrae a más de un millón de visitantes cada año. Los numerosos inconvenientes que ocasiona esta abundancia de turismo afortunadamente no han conseguido desnaturalizar los lugares, y el viajero que busca lo insólito y lo auténtico no se sentirá decepcionado. Las múltiples caras de la ciudad la hacen más seductora. El fluir del tiempo en Marrakech es muy particular e invita a renunciar a medirlo, pues el ritmo de la vida lo marca el fluctuar de la temperatura. Tampoco el tiempo histórico responde a nuestras reglas, y los siglos se entremezclan; por una parte, el presente y el futuro con sus construcciones modernas, coches sofisticados y tecnologías avanzadas, y por otra, la Edad Media, con su medina intacta, los carros de tracción humana y los oficios ancestrales. También la forma de vida ofrece estos contrastes. Testigos de un arte de vivir fastuoso y refinado heredado de los sultanes, los palacios de la medina, los lujuriantes jardines y las numerosas fuentes contrastan violentamente con la precariedad de algunas viviendas populares. Un fin de semana no será, seguramente, suficiente para penetrar en todos los misterios de Marrakech, y sería inútil intentar descubrirlos. Es mejor familiarizarse con los lugares, relajarse y deambular por la ciudad respirando a fondo y con los ojos bien abiertos.

El espectáculo de las calles es una fiesta continua. Los olores, los colores y la luminosidad del alba y el crepúsculo no tienen comparación. Lanzadas desde lo alto de los minaretes que se alzan hacia el cielo, las llamadas a la oración de los muecines llenan el aire de agudas vibraciones. La ciudad tostada por el sol también

Sus riquezas surgen en el lugar menos esperado, como algunos inmuebles de Guéliz, por ejemplo, que son auténticas maravillas de la arquitectura de los años 1930. La tradición comercial y artesanal de la ciudad se mantiene, y Marrakech sigue siendo el centro de atracción de todo el sur marroquí. Las mercaderías de toda la región se distribuyen desde aquí, algunas en mercados que rebosan de productos alimenticios, artículos artesanales y productos de importación que es impensable comprar sin someterse a las reglas del regateo, y otras, en modernas tiendas de la ciudad nueva, etiquetadas con precios (supuestamente) fijos. ¡Quien desee llevarse recuerdos sólo deberá molestarse en elegirlos!

Perturbadora y emocionante, la «perla del sur», como aún la llaman los marroquíes, no deja indiferente. Un viaje, de sólo 2 h largas de vuelo desde España, que permanecerá grabado mucho tiempo en

vuestra memoria, y cuyas insólitas imágenes callejeras seguirán danzando en vuestras pupilas para siempre.

está sorprendentemente enjoyada de verdor por unas avenidas bordeadas de jacarandas y naranjos.

# Viajar a Marrakech

## ¿Cuándo viajar?

Otoño y primavera son las estaciones ideales. Las temperaturas relativamente suaves (entre 25 y 32 ºC) son adecuadas para pasear, pero además colman las aspiraciones de los amantes del baño y el bronceado. También el invierno es una época ideal (entre 18 y 22 ºC, de promedio), aunque son frecuentes los cambios bruscos de temperatura, incluso durante el mismo día. Las noches suelen ser frías y es imposible bañarse en las piscinas que no estén climatizadas. Por el contrario, en esa época el azul del cielo es de una pureza incomparable y pueden apreciarse con claridad las lejanas cumbres del Alto Atlas. El mayor riesgo de lluvia se concentra en febrero y noviembre. En verano, el calor seco puede resultar agobiante, pues las temperaturas sobrepasan con facilidad los 40 ºC por la influencia del chergui, viento caliente del sureste.

## Ramadán

El periodo del Ramadán no es el más adecuado para las actividades turísticas. Como el islam es la religión oficial, el ayuno es escrupulosamente respetado por la totalidad de la población

y se considera inadecuado pasear por la calle con botellas en la mano o fumando. Aunque la mayoría de los hoteles siguen sirviendo comida y bebidas alcohólicas a los no musulmanes, muchos restaurantes de todas las categorías aprovechan para tomarse las vacaciones anuales. Dicho esto, el mes del Ramadán puede resultar particularmente interesante, sobre todo por la extraordinaria animación que reina en las primeras horas de la noche.

# Preparar el viaje

**Oficina Nacional Marroquí de Turismo en España**
**En Madrid:**
C. Ventura Rodríguez, 24, 1º izq.
28008 Madrid
☎ 915 412 995 o 915 427 431
𝐅 915 470 466
www.turismomarruecos.com
informacion@
turismomarruecos.com
**En Barcelona:**
C. Balmes, 89, 3º, local 48
08008 Barcelona
☎ 934 532 038
𝐅 933 237 347
onmtbarcelona@msm.es
**Embajada del Reino de Marruecos en España**
C. Serrano, 179
28002 Madrid
☎ 915 631 090
𝐅 915 617 887

www.embajada-marruecos.es
correo@embajada-marruecos.es
**Consulado Honorario de España en Marrakech**
☎ 00 212 (0) 24 33 52 70/72 (desde España)
𝐅 00 212 (0) 24 33 52 71 (desde España)
**Instituto Cervantes de Marrakech**
14, av. Mohammed-V
40000 Marrakech
marrakech.cervantes.es

## ¿Cómo ir?

### En avión

Para una estancia corta, el avión es la mejor opción como medio de transporte. Desde Madrid o Barcelona, el vuelo dura un poco más de 2 h. Iberia garantiza vuelos directos entre diversas ciudades españolas y Marrakech, al igual que la aerolínea nacional marroquí, Royal Air Maroc.
**Iberia**
Información y reservas:
☎ 902 400 500
www.iberia.com
**Royal Air Maroc**
Información y reservas:
☎ 902 210 010
www.royalairmaroc.com
Por otro lado, en España operan compañías de bajo coste que aseguran vuelos con la llamada ciudad roja durante todo el año.
**Atlas Blue**
(☎ 08 20 09 00 90, www.atlas-blue.com/es) tiene enlaces desde Madrid y Barcelona. Si reserváis con suficiente antelación, podéis encontrar vuelos por menos de 50 € ida y vuelta.
**Ryanair**
(☎ 807 220 032, www.ryanair.es) conecta Girona con la ciudad marroquí.
**Clickair**
(☎ 902 254 252, www.clickair.com) ofrece

## TEMPORADA BAJA

La menor ocupación hotelera se produce durante el verano, y los hoteles ofrecen entonces precios más bajos, concediendo descuentos del 15 al 20 % sobre las tarifas normales. La temporada baja comienza a mediados de junio y termina a mediados de septiembre.

trayecto hasta el centro con
una frecuencia de 20 min
los días laborables; los fines
de semana la frecuencia es
mayor. El billete cuesta
unos 3 Dh (0,27 €).
También podéis
coger uno
de los taxis
estacionados
junto
a la parada de
autobuses.

vuelos desde Barcelona
a partir de 45 €.

**Easyjet**
(www.easyjet.com) vuela a
diario entre Madrid y
Marrakech; sus precios son
realmente ventajosos, ya que
es posible encontrar billetes
por 37 € (sólo ida).

**Air Europa**
vuela desde Madrid
(☎ 902 401 501,
www.aireuropa.com)

## Del aeropuerto al centro de la ciudad

El aeropuerto de Marrakech
(Menara) está situado
a unos 7 km al suroeste de la
plaza Jemaa el-Fna.
El autobús nº 11 realiza el

Es recomendable acordar
la tarifa antes de iniciar
el trayecto, pero el precio
debería oscilar alrededor
de los 60 Dh (6 €).

### *Forfaits* hotel + avión

Los turoperadores ofrecen
fórmulas adaptables a cada
caso en particular: hotel +
avión, hotel + avión + coche,
viajes de aventura, itinerarios
en vehículo con chófer o en
autocar… La oferta de
alojamiento incluye hoteles
de todas las categorías,
así como establecimientos
más pequeños o *riads*. ¡La
elección depende de vosotros!
Este tipo de combinados son
una opción ideal para los

más cómodos que no quieran ocuparse de nada.

## En autocar

Desde varias ciudades españolas hay autocares de línea a Marrakech casi todos los días de la semana.

**Alsa Grupo**
☎ 902 422 242
www.alsa.es
**Eurolines**
☎ 913 176 454 (Madrid) o 935 599 605 (Barcelona)

www.eurolines.es/ int-marruecos.htm

## En coche

Dependiendo del lugar de la Península del que se parte, la distancia que hay que recorrer oscila entre los 1.000 km y los 2.000 km, lo que puede representar entre una y dos jornadas intensas de viaje. La carta gris a nombre del conductor, la carta verde (seguro internacional) y el permiso de conducir

en vigor son indispensables. El paso del estrecho de Gibraltar se realiza en barcos que parten de Algeciras a Tánger o a Ceuta.

## Algeciras-Tánger

Salidas diarias cada 2 h (cada hora en verano), desde las 7 hasta las 21 h. Trayecto: 2,30 h. Información y reservas:
**Comarit:**
☎ 956 688 462
**Euro ferrys:**
☎ 956 652 324
**Trasmediterránea y Comanav:** ☎ 956 583 400

## Algeciras-Ceuta

Salidas diarias cada 2 h (cada hora en verano), desde las 6 hasta las 21.45 h. Trayecto: 1,30 h (barco convencional) o 35 min (en *fast* ferry). Información y reservas:
**Euro ferrys:**
☎ 956 652 324
**Trasmediterránea y Comanav:**
☎ 956 583 400

# Formalidades

Los ciudadanos de la Unión Europea sólo necesitan el pasaporte en vigor para estancias inferiores a tres meses. Se ha de rellenar una ficha policial que distribuyen durante el vuelo. El pasaporte también es necesario para rellenar las fichas hoteleras y para cambiar moneda.

# Aduana

Los despachos de aduana funcionan permanentemente en todas las fronteras y la entrada de material informático y electrónico está controlada. Se permite un ordenador portátil, una cámara fotográfica y otra de vídeo por persona. El material con aspecto de profesional se ha de declarar especialmente, y las autoridades aduaneras se aseguran de que vuelva a salir de su territorio. Cada viajero tiene derecho a introducir una botella de vino, otra de cualquier bebida alcohólica y un cartón de cigarrillos.

# Animales

Se requiere un certificado de buena salud fechado menos de tres días antes de la partida, así como un certificado de vacunación antirrábica.

# Salud y vacunas

No se exige ninguna vacuna, pero, además de las que se suelen aplicar rutinariamente en España, una buena medida de precaución sería la vacunación contra la hepatitis A y la fiebre tifoidea. Los problemas más frecuentes son de tipo gastrointestinal y no está de más llevar los medicamentos adecuados.

# Moneda

La moneda local es el dirham (Dh). A mediados de 2008, 1 € valía aproximadamente 11,48 Dh, pero es mejor consultar el valor exacto de esta moneda en el momento de vuestro viaje. Existen billetes de 200 Dh, 100 Dh, 50 Dh y 10 Dh, y monedas de 20 Dh, 10 Dh, 5 Dh y 1 Dh. Los cheques de viaje de American Express se aceptan



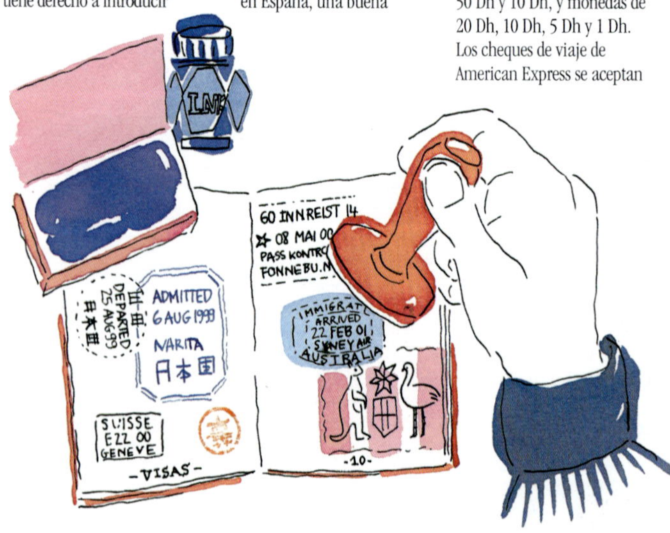

en todas partes. Las tiendas y los restaurantes que aceptan las tarjetas de crédito internacionales son cada vez más numerosos.

Se puede cambiar moneda en los múltiples bancos y en la mayoría de grandes hoteles que se encuentran por toda la ciudad, pero las comisiones varían considerablemente de un lugar a otro. Algunos bancos cuentan con cajeros automáticos de los que se puede retirar dinero con las principales tarjetas de crédito.

## Presupuesto

Si queréis vivir como sultanes en un *riad*, calculad unos 180 € por una habitación doble con el desayuno incluido. Entre 90 € y 180 € se encuentran habitaciones dobles en lugares menos lujosos pero con mucho encanto y todas las comodidades. Para los bolsillos más modestos existen numerosos hoteles agradables y con las comodidades básicas a partir de 45 € por noche.

La gama de precios de la restauración es amplia y va desde los 5 € de los restaurantes populares hasta los más de 70 € de los establecimientos de lujo.

## Tarjetas de crédito

La tarjeta de crédito más aceptada es, sin duda, Visa, seguida de Eurocard y MasterCard. En cuanto a American Express y Diner´s Club, sólo las aceptan unos pocos establecimientos. Acordaos de pedir el número de teléfono de contacto en caso de pérdida o robo.

## Hora local

Marruecos está sobre el meridiano de Greenwich y utiliza la hora solar todo el año, por lo que cuando en España son las 12 h, en Marruecos son las 10 h en verano y las 11 h en invierno.

## Voltaje

Igual que en España, la mayor parte de la red eléctrica marroquí funciona a 220 voltios, salvo en poblaciones pequeñas y algunos barrios marginales, y los enchufes son como los europeos, por lo que no debéis preocuparos.

### BANCOS

*Atención* a los horarios de las oficinas bancarias, pues varían de un banco a otro y cambian según la estación. En invierno están abiertos, aproximadamente, entre las 8.30 y las 12 h y entre las 14.15 y las 16 h (cierran los viernes entre las 11.30 y las 15 h). Durante el verano y el Ramadán hacen jornada continua de 9 a 15 h.

# Marrakech,
## ciudad imperial

**Situada en una encrucijada entre la planicie atlántica y la cordillera del Atlas, Marrakech, que ha dado su nombre al país, se beneficia de una situación geográfica ideal. Capital del reino en numerosas ocasiones, la ciudad conoció épocas gloriosas y su fama llegaba a Roma o París. Íntimamente ligada a la historia de las grandes dinastías, siempre fue una plaza codiciada, y todavía hoy se la llama la «perla» de Marruecos.**

### Gloriosos comienzos

Fundada en 1062 por Yusef Ben Tachfín, primer soberano de la dinastía beréber de los almorávides, que había conquistado el sur de España, Marrakech se convirtió muy pronto en una ciudad floreciente a la que acudieron numerosos y afamados científicos, filósofos y arquitectos. Sumándose al selecto grupo de grandes constructores, los soberanos almohades, que se apropiaron la ciudad en 1147, impulsaron su engrandecimiento cultural y económico. Bajo el reinado de Yacub al-Mansur, llamado «el Victorioso» por sus éxitos militares en la península Ibérica, la fama de la ciudad, que exportaba su brillante y refinada civilización, llegó a su apogeo.

## Grandeza y decadencia

Tras el éxito de la reconquista cristiana en España, el imperio se dividió y Marrakech fue a parar a manos de los mariníes, que hicieron de Fez su nueva capital. La ciudad se convirtió en víctima de expediciones tanto de tribus árabes como bereberes, y hubo que esperar hasta la llegada de los saadíes en el s. XVI, concretamente al reinado de Ahmed al-Mansur, llamado «el Dorado», para verla resurgir con su pasado esplendor. La dinastía alauita, a la que pertenece el actual soberano, se impuso en 1667, y Mulai Ismail, llamado el «Luis XIV marroquí», emprendió la destrucción casi sistemática de todos los vestigios de la grandeza saadí y eligió Mequínez como su nueva capital.

## Ciudad con dos caras

Integrada durante el protectorado francés en el gran plan nacional de urbanismo, Marrakech cambió de cara sin perder con ello ni su identidad ni su encanto. Los nuevos barrios europeos de Guéliz y del Hivernage se construyeron respetando los colores dominantes en la ciudad, que pasó de los menos de 100.000 habitantes que la poblaban al empezar el s. XX a los cerca de millón y medio de nuestros días, de los que unos 300.000 viven en la medina.

## Hacia la modernidad

Llegado al trono en julio de 1999, tras la muerte de su padre, el rey Hasan II, el joven monarca Mohamed VI, heredero de la dinastía alauita, encabeza un país en plena transformación. Ha declarado su firme voluntad de conciliar la necesidad de entrar en la modernidad con el respeto a las tradiciones. Llamado ya el «rey de los pobres» por el pueblo, ha expresado su intención de atender los problemas principales como la pobreza, el analfabetismo y la desigualdad de la mujer.

## Ciudad imperial

Habiendo perdido su estatus de capital política a favor de Rabat, Marrakech sigue siendo la capital religiosa de Marruecos. Tal como hizo su padre antes que él, el rey Mohamed VI se aloja frecuentemente en el palacio real, construido en el s. XVIII por el sultán alauita Mohamed ben Abdala y que fue suntuosamente restaurado durante el reinado de Hasan II por más de 3.000 artesanos llegados de todo el país. Sede de la corte, en él se realizan fastuosas recepciones oficiales, pero no está abierto para las visitas turísticas. Hay que conformarse con pasear por el exterior de las altas murallas que lo rodean.

## LAS MURALLAS

Testigos majestuosos de una historia agitada, los muros de Marrakech son típicos de la arquitectura defensiva beréber.

Construidos en adobe de arcilla roja, se extienden por más de 19 km para proteger la totalidad de la medina. Cuentan con cerca de 200 torres cuadradas y las adornan numerosas puertas monumentales representativas del estilo árabe andaluz. La mejor manera de admirarlas en su totalidad es rodeándolas en coche de caballos.

# El zoco

**Importante encrucijada de caravanas desde su fundación, Marrakech desarrolló enseguida su vocación comercial y artesanal. El zoco actual, que permanece desde la fundación de la ciudad, está entre los mayores de Marruecos. Lejos de ser sustituido por las tiendas modernas, es un testigo de la prosperidad de la ciudad. Gigantesca abacería, mercado de la ciudad, rastro, inmensa droguería y cueva de Alí Babá, el zoco siempre bulle en una loca agitación.**

por locales sombríos, su trazado obedece, sin embargo, a una estructura bien planificada. Los gremios se agrupan en barrios que llevan el nombre de la actividad a la que se dedican. Este reparto, inicialmente muy jerarquizado —los oficios más valorados se situaban en el centro—, se ha ido difuminando un poco con el tiempo.

## Barullo organizado

Lugar itinerante de aprovisionamiento y de esparcimiento en las zonas rurales, el zoco acaba siendo un lugar permanente en las ciudades. Entonces, las tiendas de lona son sustituidas por construcciones más sólidas compartidas por comerciantes y artesanos. Laberinto inextricable de callejones y sinuosos pasadizos bordeados

## El despertar de los sentidos

El zoco de Marrakech es una auténtica institución. Los habitantes de la ciudad van allí a proveerse de artículos cotidianos, pero también para pasear. Se dan una vuelta para enterarse de las novedades de la familia y de los negocios, y para tomar el fresco que procuran las enramadas de cañas que proporcionan sombra. Las callejas del zoco están llenas de bullicio, olores y colores. Brillantes tintes de tejidos y botes de cerámica, chirridos de las sierras y de los cepillos de los ebanistas, ruido ensordecedor del barrio de los herreros, aromas de innumerables especias, perfumes de muchas esencias de maderas y efluvios que emanan del barrio de los curtidores son otras tantas promesas de fiesta para los sentidos.

## ¿Comerciantes o artesanos?

Los primeros, situados en el centro del zoco, en los callejones cubiertos, intentarán atraeros al interior de sus tiendas. Al menor signo de interés de vuestra parte os ofrecerán un té a la menta y desplegarán todo su ingenio para intentar venderos sus mercancías. Los artesanos, que ocupan la periferia del zoco, absorbidos por su trabajo, no prestan mucha atención a los

abre y cierra sus puertas a horas fijas (las 7 y las 21 h), pero es inútil intentar comprar antes de las 8.30 h, pues los puestos aún permanecen cerrados. *Atención:* también a la hora de comer de los viernes. Muchos comerciantes marchan para la plegaria de las 13 h y no regresan hasta las 16 h. Los artesanos, por su parte, suelen hacer fiesta durante toda la jornada.

## Guías

Cuanto más os alejéis de la plaza Jemaa el-Fna, más auténtico llegará a ser el

ambiente. No debéis tener miedo a perderos, pues las calles tienden a converger

sistemáticamente en la plaza. Sin embargo, podéis contratar los servicios de un guía, vigilando que tenga la acreditación oficial y acordando el precio, que suele ser de 150 Dh por media jornada, antes de iniciar el recorrido. Como es natural, los guías tienen una fuerte tendencia a llevaros a los comercios de los que reciben comisión (ver pág. 40).

paseantes. Poco al corriente de los precios del mercado, pueden cobraros por sus artículos el doble o la mitad de su precio.

## Horarios

Abierto los siete días de la semana, el zoco, que no deja de ser un inmenso almacén,

### REGATEO

El regateo es una práctica muy frecuente en Marruecos que está casi institucionalizada, por lo que hay que tener en cuenta que los primeros precios están considerablemente inflados. Para hacerse una idea de los precios reales conviene que os deis una vuelta por las cooperativas estatales de artesanía. El regateo requiere paciencia, cortesía y firmeza. Fingir indiferencia suele dar buenos resultados, pero los comerciantes también lo saben.

# Bajo el encanto
## de la ciudad roja

**Ciudad embrujadora y llena de contrastes, Marrakech ha ejercido desde siempre una auténtica fascinación sobre los viajeros. Su pasado esplendor, el magisterio intelectual que emanaba antaño, su múltiple origen cultural, su situación geográfica y su clima la han convertido en el destino predilecto de una élite cultural en busca de exotismo.**

### La llamada de Oriente

Enviado por el rey Luis Felipe de Francia frente al sultán Mulai Abderramán, el conde de Mornay, acompañado por Eugène Delacroix, inauguró en 1832 el «camino de los embajadores». Las ciudades imperiales marroquíes se convirtieron a lo largo del siglo en un destino muy apreciado por periodistas, pintores y escritores en busca de inspiración. La moda orientalista se extendió por todas las cortes europeas, que sucumbieron al encanto del «imperio de todas las pasiones».

### El sueño de una noche de verano

«Si la felicidad buscase una morada, sería en La Mamouina donde querría encerrarse, en una de sus hermosas y silenciosas habitaciones que una terraza prolonga hasta los naranjos» (Roland Dorgelès, *Le Dernier Moussem*, 1938). Construido en 1923 en el lugar en que se alzaba un antiguo palacio del que sólo subsiste un pabellón apoyado contra la muralla, tras Bab el-Jdid, en este palacio, que está entre los más lujosos del mundo, se han alojado personalidades como Orson Welles, Maurice Ravel, Rita Hayworth, Yves Montand, Catherine Deneuve, Mick Jagger, Winston Churchill, Richard Nixon, Jimmy Carter y otros muchos.

## Lujo y voluptuosidad

Protegidas de las miradas indiscretas tras sus muros de adobe, villas suntuosas se desperdigan por el palmeral. Perpetuando el concepto oriental de lujo heredado de los siglos pasados, el arte de la hospitalidad alcanza aquí la cumbre de la sofisticación. Este oasis de calma y verdor ha seducido a muchas celebridades que han encontrado aquí un paraíso de paz. Además de los famosos perfumistas Hermès, poseedores de varias villas, famosos como Yves Saint Laurent, Paul McCartney, Alain Delon o la familia Rothschild (puede apreciarse la torre octogonal y la *kuba* de la mansión, al lado del campo de golf del palmeral) también tienen casa aquí, aunque tan bien protegida que es imposible acercarse.

## Incondicionales

La tortuosa y secreta medina y sus *riads* tradicionales

escondidos tras gruesas puertas de madera claveteada también tienen sus adeptos. Más auténtica y vital, la experiencia de vivir en ellos no es menos refinada y ha tentado a numerosos escritores, fotógrafos, pintores y estetas en general. Destacan Bill Willis, decorador de algunos de los más suntuosos palacios marroquíes; Bert Flint, el famoso coleccionista holandés que restauró y se mudó a la casa Tiskiwin, y aún más recientemente, Xavier Guerrand-Hermès, cuyo suntuoso *riad* domina el barrio de la mezquita de Sidi Bel Abbès.

## La gran musa

Muchos escritores se han dejado envolver por la magia de Marrakech. De Pierre Loti a Elias Canetti, de Claude Ollier a Roland Dorgelès y André Chevrillon, la ciudad roja ha sido teatro de sus aventuras novelescas. El escritor barcelonés Juan Goytisolo la ha elegido como su hogar, y no es raro verlo sentado en una mesa de la terraza del café Argana de la plaza Jemaa el-Fna.

## Amantes de la vida

El célebre pintor Jacques Majorelle fue a Marrakech a curarse de la tuberculosis y se estableció definitivamente. El jardín que hoy lleva su nombre es de visita obligatoria para los románticos y los amantes de la botánica. La luz, el murmullo del agua y de los pájaros entre los bambúes gigantes y la proliferación de raros aromas invitan a vagar por él durante las tardes para alejarse del ajetreo de la ciudad. Era aquí, por otra parte, donde Winston Churchill, gran amigo del pintor, iba a visitarlo.

## OFICIOS EN LAS CALLES

La vida de sus calles y la permanente animación que reina en Marrakech no son ajenas a la fascinación que la ciudad ejerce sobre los viajeros. Evocación de una Edad Media ya olvidada en Europa, curiosos oficios seducen a artistas y escritores. Sacamuelas, escribanos públicos, barberos, vendedores ambulantes y quiromantes son algunas de las muchas ocupaciones callejeras que han sido contadas y pintadas desde todos los puntos de vista.

# Alfombras

**Las alfombras marroquíes son un buen exponente de la diversidad cultural del país, desde sus orígenes bereberes hasta la civilización islámica. Sector privilegiado de la artesanía, representan más de la mitad de los ingresos relacionados con la exportación de productos artesanales. La vida de comunidades enteras se organiza en torno a su producción, que está prácticamente ejecutada sólo por mujeres. Marrakech es el lugar ideal para descubrir esta innumerable variedad de alfombras y tapices llegados de todas partes.**

### Dedos de hadas

En Marruecos coexisten varias técnicas de confección de alfombras. Los telares horizontales o de bajo lizo permiten un rápido tejido de

los hilos gracias a los pedales. Se emplean sobre todo para tejer cubrecamas, tapices y algunas alfombras de pelo corto. Los telares verticales o de alto lizo se utilizan en la confección de alfombras de hilos anudados. Los hilos de la trama (horizontales) se pasan entre los hilos de la urdimbre (verticales), que generalmente son de algodón, pero que en algunos casos pueden ser de pelo de cabra o de dromedario. Las fibras de lana se anudan en torno a los hilos de la trama, que son igualados cuando la alfombra está terminada.

## Alfombras urbanas

La alfombra de Rabat, de fabricación relativamente reciente en Marruecos (s. XVIII), tiene una fuerte influencia oriental. Sus refinados adornos florales recuerdan un jardín en el que los pámpanos, clavellinas, tulipanes y pájaros estilizados son motivos recurrentes. El diseño predominante consta de siete bandas, en la más interior de las cuales se destaca la *kuba* hexagonal, en forma de losas, que normalmente se sitúa sobre un fondo de tonos rojos o azules.

## Alfombras rurales

Conocidas por los nombres de las tribus del Medio y Alto Atlas y de la planicie de Haouz, las alfombras bereberes suelen ser muy originales. Se las reconoce por su aspecto rústico y por la restringida gama de su colorido. Sobre un fondo único o en grandes bandas horizontales, están decoradas con motivos esotéricos, generalmente geométricos. Confeccionadas con lana apretada se utilizan tanto de cubrecama como de colchoneta.

## Pruebas de calidad

Saber distinguir una alfombra buena de otra de inferior calidad no es ningún juego de niños. La inspección regional de la artesanía ha desarrollado un sistema de etiquetado para garantizar tanto el origen como la calidad del producto. Se trata de una etiqueta de tela de color, cosida en el revés de la alfombra, que informa sobre su procedencia, así como de la cantidad de

nudos por cm$^2$, que es el mejor indicativo de la calidad. A veces, la lana natural se sustituye por fibras sintéticas, por lo que podéis arrancar tranquilamente un hilo o dos para comprobar el material, pues el hilo de lana no se quema

fácilmente. Tened también cuidado con el hilo de nailon que algunos comerciantes hacen pasar por seda.

## Buena elección

Armarse de paciencia es la condición indispensable cuando se decide comprar una alfombra. Los comerciantes no dudan en absoluto en desenrollar ante vuestros ojos decenas de alfombras para intentar seduciros y mantener alto el precio. No os dejéis impresionar por las horas de trabajo empleadas, pues pagan precios fijos por m$^2$, que van de 600 a 1.200 Dh según la calidad (número de nudos). Las alfombras antiguas se han convertido en un artículo escasísimo y alcanzan precios fabulosos. Los comerciantes intentan vender como antiguas alfombras con los colores gastados por haber estado expuestas durante mucho tiempo al sol. Aunque un fuerte olor es a veces señal de una confección tradicional, también puede convertirse en un inconveniente, pues no desaparecerá antes de un mes de exposición permanente al aire libre.

### ALFOMBRA DE HAOUZ

Bajo esta denominación se recogen todas las alfombras que provienen de la gran planicie de Haouz que se extiende desde los contrafuertes del Atlas Medio y Alto hasta el litoral atlántico. Tejidas por las tribus de los oulad bousbaa, los ait immour, los rehamma o los chiadma, estas alfombras rurales presentan muchos rasgos comunes. Los hilos de la urdimbre, de pelo de cabra, a veces mezclados con lana negra, se entrecruzan con la lana roja de la trama. Sobre un fondo generalmente rojo claro o violáceo, aparecen irregularmente repartidas esquemáticas figuras humanas y de extraños animales.

# Las fiestas
## del honor

**Guardiana orgullosa de antiguos usos y costumbres, Marrakech es a menudo escenario de festividades religiosas, públicas y privadas. Reveladoras de un pasado con orígenes multiculturales, estas fiestas marcan el calendario y en ocasiones atraen a las multitudes.**

### Entre religión…

Las fiestas religiosas tienen una gran importancia tanto pública como privada. Sirven de punto de referencia a las épocas del año y son escrupulosamente respetadas por la totalidad de la población. La Aid el-Kebir (literalmente la Gran Fiesta), también llamada Aid el-Adha (Fiesta del Sacrificio), es seguramente la más importante. El sacrificio de Abraham, que debía inmolar a su hijo Isaac por orden divina y que termina finalmente con el degollamiento de un cordero, se representa cada año en todos los hogares.

### … y tradición

La Achura, que se celebra el décimo día del mes de Moharem, primer mes de la Hégira, conmemora la muerte del hijo menor del Profeta, de manera que se ha convertido en la festividad de los niños, que reciben numerosos regalos. El agua de los pozos, que ese día es milagrosa, preserva de las enfermedades a quien la bebe. Los niños son iniciados en la adolescencia el día 27 del

Ramadán, durante la Noche del Destino, que conmemora la Revelación. Mediante la leche y los dátiles, los jóvenes entrarán en su primera jornada de adolescentes antes de sentarse frente a una cena compuesta de siete platos y siete bebidas.

## Grandes etapas de la vida

Aunque la fastuosidad que se despliega depende de la

situación económica de cada familia, los ritos son iguales para todos. El bautismo, que se celebra el séptimo día después del nacimiento, se acompaña de un sacrificio animal. La circuncisión, que se practica a los siete años, representa un giro importante en la vida del niño. Subido a un caballo blanco y acompañado por los característicos gritos de entusiasmo de las mujeres, ha de dar tres vueltas en torno a la mezquita. Las bodas se celebran durante varios días y finalizan al son de los timbales en un paseo danzante que acompaña a la joven desposada a su nuevo domicilio. No es extraño que algún cortejo cruce totalmente la medina, especialmente si es un sábado.

### Las mil y una noches

Durante las fiestas familiares todos los marroquíes lucen el caftán, una prenda larga de tejidos brillantes, algunos de los cuales son auténticas obras de arte. Ceñidos al cuerpo por un cinturón largo, sus primorosos bordados manuales suelen requerir varias semanas de trabajo. Un maravilloso regalo que permite transformarse en una princesa de *Las mil y una noches*. No hay que confundirlo con las chilabas o ganduras, que son de uso corriente.

## Signos externos de riqueza

Símbolo de prosperidad, las joyas se exhiben con orgullo durante las fiestas. Aderezos de plata incrustados con corales y ámbar y piedras semipreciosas como los granates, las coralinas o las turquesas, forman parte imprescindible de los vestidos de ceremonia. Difíciles de encontrar en el zoco de Marrakech, es necesario ir más al sur, a Tiznit, Rissani o Tarudant, para encontrar las diademas, los pectorales, los brazaletes y la *khamsa*, la famosa mano de Fátima que protege de la mala suerte.

## Los *moussem*

Los *moussem* (típicos festivales bereberes) están en el origen de las peregrinaciones organizadas a las tumbas de los santos. Antaño discretas, han dado lugar a auténticas explosiones de misticismo religioso, pero también pueden ser simples fiestas agrícolas regionales que celebran una cosecha o el momento de

### LA MANO DE FÁTIMA

Se trata de una mano plana de metal con un pasador para colgarla de una puerta o del cuello con una cadena. Fátima, que significa «doncella» en árabe, era la hija menor de Mahoma, y lo acompañó cuando se marchó de La Meca y lo cuidó en su última enfermedad. Este amuleto puede tener de tres a siete dedos, aunque las más habituales son de cinco, el número de la buena suerte en el mundo islámico, y las más apreciadas, las que tienen el pulgar y el meñique dispuestos de forma simétrica, con curvas hacia ambos lados, formando medias lunas protectoras.

sacrificar determinados animales. En algunos se organizan también fantasías (Aid el-Barud o fiestas de la pólvora) en las que se suceden las cargas de rectas filas de jinetes lujosamente vestidos, mientras disparan salvas con sus *mukkalas* (fusiles antiguos). El *moussem* de Setti Fatma en el valle de Ourika, a 70 km de Marrakech, se celebra a mediados de agosto; el de Mulai Brahim, en el que se reúnen las cofradías gnauas, y el de Asni, que se celebran en junio, son los más importantes de la región de Marrakech.

# Té a la menta
## y pastelería

Bebida dulce, perfumada y tranquilizante, el té a la menta no surgió en Marruecos hasta mediados del siglo XIX. Símbolo de hospitalidad por excelencia, ya se beba en una tienda en medio del desierto o en el salón de un apartamento, es el común denominador en todas las regiones y clases sociales, la auténtica bebida nacional.

### Símbolo de hospitalidad

Primer gesto de hospitalidad de cualquier familia marroquí, el té a la menta es infalible y no puede ser rechazado. Incluso se considera de buena educación aceptar una segunda e incluso tercera taza. Sin embargo, se puede rehusar educadamente la invitación en las tiendas del zoco.

### Ritual inmutable

El té a la menta se prepara en una tetera ventruda de cuello largo. En ella se vierten unos puñaditos de té verde. Antes se han removido en agua hirviendo para eliminar pequeñas impurezas y para que resulte más suave. El azúcar y la menta, fresca y en rama, se añaden al principio, y sobre ellas se vierte el agua hirviendo. Algunos puristas colocan entonces la tetera al fuego para caramelizar el té, otros se contentan con dejarlo infundir durante unos minutos antes de servirlo.

### El arte de servir

Gestos precisos y sencillos configuran esta ceremonia. El primer vaso se devuelve a la tetera para que el té se mezcle mejor. Levantar mucho la tetera mientras se sirve es un gesto indispensable para que el té se oxigene bien y se enfríe lo suficiente. Lo vasos sólo se llenan hasta la mitad para evitar que los invitados puedan quemarse los dedos.

## Para observar

El té a la menta se bebe en pequeños vasos estrechos. Normalmente son de vidrio y están decorados con pinturas o con filigrana. Se colocan más vasos que invitados haya por si aparece uno imprevisto y se disponen sobre una bandeja redonda delicadamente decorada, generalmente de cobre o latón. Un trípode de madera tallada permite colocar la bandeja en el lugar en que se necesite.

Las teteras, de tapa puntiaguda, pueden ser de hierro blanco, cobre o plata damasquinada, y las hay de varios tamaños.

## Los cafés

Tradicionalmente reservados a los hombres, que se reúnen en torno a una mesa para beber té o café y charlar y fumar durante horas, los cafés de Marrakech, con sus mesas dispuestas a lo largo de la acera, hoy ya acogen mujeres, pero sólo a las extranjeras y en los de las zonas turísticas, pero no los de los barrios populares. Esto explica seguramente la proliferación de salones de té mixtos, en los que la juventud marroquí puede relacionarse lejos de las miradas de la calle. Además de las gaseosas, el café o el té servido en teteras individuales, en ellos puede degustarse una gran muestra de la pastelería marroquí, panecillos y helados.

## Delicias orientales

Hechas con pasta de almendras o nueces, miel y sésamo, la pastelería marroquí acompaña a la perfección el té a la menta. Ricas en grasas, su acumulación de calorías las hace muy energéticas. La *chabakiya*, espiral de masa frita empapada en miel y condimentada con sésamo, es el pastelito tradicional del Ramadán; los famosos cuernos de gacela, hechos con pasta de almendra; las *fekka*, con crema fresca; los *briuat* de miel, las almendras perfumadas con

azahar y los almendrados con canela están entre los muchos dulces que se acumulan en las panaderías de Marrakech a la espera de los paseantes golosos.

### AL JAWDA

Para prolongar el encanto de la estancia y revivir en las papilas gustativas los mejores momentos del viaje, ¿por qué no llevarse algunas dulces delicias? Confeccionados según la más pura tradición marroquí, los cuernos de gacela, *briuats*, almendrados, *fekkas* y demás pastas que se venden en esta pequeña tienda de Guéliz están entre las mejores de la ciudad. El regalo ideal: las bandejas de surtidos de pastelitos que se confeccionan por encargo y se envuelven convenientemente para soportar el viaje en avión.

**11, rue de la Liberté (Guéliz);** ☎ **024 43 38 97** TLD, 8-20.30 h.

# Maquillaje
## y tatuajes

Lejos de ser sólo una forma de embellecimiento, el maquillaje y los tatuajes forman parte de las creencias y los ritos marroquíes. Aplicada sobre la mano de los recién nacidos, la frente de los enfermos, las manos y pies de los novios, la *henna* es una promesa de felicidad, prosperidad y fecundidad. Las recién casadas bereberes se adornan la frente con tres dibujos hechos con *harqus*, símbolos de su nuevo estado. El *khol* protege a las mujeres del mal de ojo y de la arena del desierto.

### Planta del paraíso

Utilizada ya en el Antiguo Egipto, la *henna* (alheña) es el cosmético más empleado en Marruecos. Polvo fino obtenido a partir de las hojas secas trituradas de un arbusto que se cultiva en los oasis del sur del país, se usa para teñirse los cabellos y para pintarse las manos y los pies, pero también los labios y los párpados. Añadiéndole agua caliente con limón, el polvo se convierte en una pasta espesa que es un fuerte colorante que va del ocre claro al rojo brillante.

### Todo un arte

La *henna* la aplican las *hannaya*, auténticas artistas que trasmiten sus conocimientos de madre a hija. Es necesaria mucha

de puntos que representan cruces, losas, triángulos o estrellas.

## Ojos de terciopelo

El *khol* lo fabrican todavía hoy mujeres mayores, viudas y piadosas, exclusivamente. Es un polvillo negro a base de antimonio que se conserva en las *mukehlas*, pequeños frascos de madera tallada, hueso, cuerno o plata tapados por un bastoncillo de madera llamado *mirwed*, que también sirve para aplicar el cosmético sobre los párpados cerrados. El propio Profeta describió sus funciones terapéuticas: «Fortifica los ojos y hace crecer las pestañas».

## Labios y mejillas escarlata

El *aker* se conserva en pequeños botes de cerámica. Este colorete rojo de origen vegetal lo utilizan las mujeres bereberes para colorearse las mejillas y pintarse los labios. Se puede encontrar en el zoco en los puestos de los comerciantes de especias o en las farmacias. Hay que usarlo con cuidado, pues es un color muy resistente que puede permanecer varios días.

habilidad para trazar en pies y manos una gran variedad de dibujos. La mayoría son geométricos o florales y se inspiran en los motivos de las alfombras, la cerámica y las joyas. Tras dejar de usar las ramitas que les servían de pinceles, hoy emplean jeringas de diferentes diámetros que les permiten colocar la *henna* con precisión y regularidad.

## Virtudes de la tierra

Producto de la mezcla de arcilla, clavos de olor, lavanda y pétalos de rosa, el *ghassul* es un cosmético exclusivamente marroquí. Sus propiedades relajantes, desengrasantes y suavizantes lo convierten en un producto ideal tanto para la piel como para los cabellos. La mayoría de las veces se vende como un polvo que se ha de disolver con agua antes de impregnar generosamente con él los cabellos o el cuerpo.

## El *harqus*

Pasta negra, espesa y brillante, el *harqus* se consigue mezclando agallas, clavos aromáticos, cereales, carbón de leña, cortezas y aceites. Decoración efímera, la pintura con *harqus* se realiza en días especiales. Las mujeres se pintan la frente, las mejillas y hasta la nariz con dibujos

# En una nube de vapor

**Invento romano rápidamente adoptado por el islam, los hammanes son testigos de una tradición secular que aún perdura. Desde los más lujosos con mosaicos y *tadlack* hasta los más sencillos, instalados en pequeños cuartos embaldosados, todos poseen un ambiente cálido y sensual. Una experiencia totalmente recomendable para regresar a casa con una piel de satén.**

## Un papel social

Los hammanes fueron hasta hace poco el único lugar admitido de esparcimiento para las mujeres musulmanas. Allí, entre otras cosas, las madres estudiaban las posibilidades de sus hijas casaderas. Aún conservan ese carácter de lugar de reunión y distracción en el que las mujeres, despojadas de los signos de diferenciación social, se relacionan, acompañadas a menudo de sus hijos de corta edad.

## Deber religioso

Aunque los hammanes funcionan como salones de baño para quienes los necesitan, su función principal es la de facilitar a los musulmanes cumplir con el precepto islámico de las abluciones purificadoras anteriores a las plegarias. Ésta es la razón por la que cualquier población,

por pequeña que sea, posee un hammán, casi siempre situado al lado de la mezquita.

## Sin ostentación

Un sencillo anuncio indica, la mayoría de las veces, la existencia de un hammán. La entrada embaldosada da a un corredor sombreado que desemboca en la recepción, que es mixta, por lo que hay que tener cuidado con la vestimenta y con los horarios, pues aunque los hammanes más grandes tienen secciones separadas para hombres y mujeres, los más pequeños tienen horarios diferentes para cada sexo. Casi siempre la mañana se reserva a los hombres y la tarde a las mujeres.

mujeres, tanto para el cabello como para el cuerpo. No hay que olvidar el famoso guante negro, *el-kiss*, con el que se frota la piel. Es mejor llevar una toalla de baño, pues la mayoría de hammanes no la proporcionan.

## Pasos a seguir

Una vez dentro, os invitarán inmediatamente a desvestiros (sólo se conserva el calzoncillo o la braga) y os colocarán una especie de taparrabos que la mayoría de hammanes dispensan. Para habituarse a la alta temperatura se va pasando por tres salas progresivamente más calientes. En la última, que está a 40 ºC, se encuentra la *barma*, una fuente con chorros de agua caliente y fría, que permiten eliminar el jabón y la arcilla tras el lavado.

## Suavidad y deleite

Terminada la sudoración, os pondréis en manos de los «frotadores», quienes, con la ayuda del guante negro, os ayudarán a desprenderos de las capas de piel muerta y os la dejarán con la suavidad de la piel de un bebé. El intenso masaje (opcional) os procurará una sensación de total relajación. En la sala de reposo, mientras bebéis un vaso de té a la menta, repondréis vuestro ánimo para enfrentaros al tumulto de la ciudad.

## Elementos básicos

Antes de ir al hammán es necesaria una visita al *attar*, el comerciante de especias. Allí se compra el *sabun beldi*, un jabón rústico, y el *ghassul*, arcilla natural, que, una vez mezclados, conjugan sus respectivas acciones desengrasantes y suavizantes. La *henna* la pueden emplear indistintamente hombres o

### HAMMÁN SALAMA

En una callejuela tras el paseo de Safi, a la altura del jardín Majorelle, con baldosas de porcelana de tonalidades azules, también conocido por los taxistas como hammán Majorelle, es uno de los más agradables de la ciudad. Seréis acogidos sin ostentación, con simpatía y amabilidad. Es posible comprar aquí tanto el guante (20 Dh) como el jabón (2 Dh). **Secciones separadas para hombres y mujeres. Abierto: 6-22 h. Entrada, 6 Dh; servicio, 50 Dh.**

# El palmeral

**Primer oasis al norte del Atlas, el palmeral de Marrakech cuenta con unas 150.000 palmeras que cubren unas 13.000 ha. Aunque ya muy poco tupido debido a las numerosas edificaciones que contiene, conserva, sin embargo, una magia incomparable, sobre todo durante el ocaso.**

### Historia del agua

El actual palmeral nació, según la leyenda, por las semillas de dátil lanzadas por los guerreros almorávides en la época de la fundación de la ciudad. En todo caso, es obra de Yusef Ben Tachfín, fundador de Marrakech, quien supervisó la instalación de un novedoso sistema de riego según técnicas persas. Los pozos a cielo abierto están conectados entre sí por una inmensa red de canalizaciones subterráneas (las *khettara*) que permiten recuperar y embalsar el agua sobrante del riego y la de origen freático.

### Fenómeno irreversible

Enfrentados al problema de agotamiento del 80 % de las *khettara* y a la rápida propagación de una enfermedad que afecta a las palmeras, las autoridades locales, para regocijo de los promotores inmobiliarios, se han visto obligadas a aceptar la partición del palmeral, de manera que se han construido recientemente hoteles y residencias familiares que desnaturalizan sus auténticas características naturales.

### A la sombra de las palmeras datileras

Aunque la fecundación artificial se practica ordinariamente (se cortan las flores de las palmeras macho para aproximarlas a las hembras), el viento aún se encarga de la fecundación del palmeral surgido de los vástagos. Los brotes jóvenes surgen en la base del tronco principal, formando así auténticos manojos de palmas de las que las más altas pueden alcanzar los 30 m. Al crear una zona relativamente fresca y sombreada, los palmerales suelen acoger cultivos de hortalizas, cereales o forraje, que se entrevén aquí y allá tras los muros de adobe.

## DÁTILES

De carne suave, rica en azúcares y de gran valor nutritivo, los dátiles son recolectados por hombres que trepan por el tronco de la palmera para escoger los adecuados, que se venden enseguida a granel o envasados en los comercios. De forma más o menos alargada, miden entre 1 y 4 cm, su color varía entre el anaranjado y el marrón oscuro, y su dulzura depende de su lugar de origen. Los *m'jhoul*, originarios de la región de Zagora, se encuentran entre los mejores.

## Árbol providencial

Nada se pierde, todo se transforma. La palmera se explota de múltiples maneras. La madera del tronco sirve para tallar los canales de irrigación y para construir las vigas que sostienen los techos cubiertos por las hojas de palma. Estas hojas, atadas entre sí, también se usan para frenar el viento y proteger los cultivos, y para confeccionar las esterillas y cestos de todo tipo que se pueden ver en los zocos. Todos los residuos se convierten en combustible.

## Casa Alí

**Circunvalación del palmeral
Carretera de Casablanca
☎ 024 30 77 30
o 024 30 93 81**

Aunque muy turística, esta cena espectáculo os permitirá familiarizaros con el folclore marroquí. Bajo majestuosas tiendas de lona, realizan una representación digna de *Las mil y una noches* en la que no faltan las danzas, la música y la fantasía (las cargas de filas de jinetes que disparan salvas con sus antiguos fusiles mientras galopan lujosamente vestidos de blanco).

## Campos de golf

Oasis dentro del oasis, tres prestigiosos campos de golf de 18 hoyos esperan a los aficionados.
El Royal Golf Club
(☎ 024 40 47 05),
en la antigua carretera de Uarzazat; el Golf de Amelkisse
(☎ 024 40 44 14), en la carretera de Uarzazat, y el Palmeraie Golf Palace
(☎ 024 30 10 10), en la circunvalación del palmeral, donde comienza la carretera de Casablanca.

# Los placeres
## de la mesa

**Perfumada y colorida, la cocina marroquí, igual que el país, ofrece una infinita variedad de sabores. Su originalidad y delicadeza le han valido el reconocimiento internacional. Tanto en las grandes ocasiones como en el día a día, cocinar sigue siendo una cuestión de mujeres.**

### La magia de las especias y los sabores orientales

La sutil combinación entre diferentes especias es el gran secreto de la cocina marroquí. Comino, azafrán, cúrcuma, jengibre, pimienta, cardamomo, cilantro, anís estrellado y anís verde están entre las muchas especias que se utilizan cotidianamente. Se compran a granel en los comercios y son más baratas que en Europa. El *ras el-hanout*,

que se traduciría como «cabeza de la tienda», es un surtido de más de 20 especias que perfuman y sazonan perfectamente los platos de carnes y legumbres.

### Dulce-salado

Delicada mezcla de opuestos, esta combinación es uno de los mayores logros de la cocina local. La *pastilla*, pastel de hojaldre de pasta brick relleno con pichones y almendras; el cordero con ciruelas, albaricoques, membrillos, peras, dátiles y miel; las ensaladas de zanahorias a la naranja, los tomates confitados, las patatas dulces; la *tfeya*, mezcla de cebollas confitadas y uvas pasas que acompaña a ciertos cuscuses. Tantos buenos ratos en perspectiva…

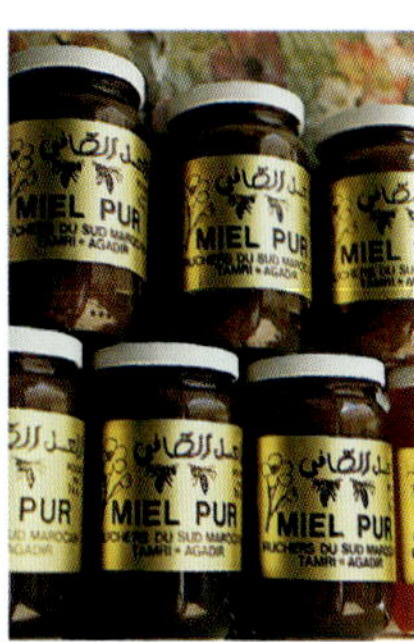

## Grano providencial

Perfumado pero nunca picante, el cuscús marroquí varía según las regiones. Cuscús de siete verduras, de cebollas y miel, de naranja, de centeno o de sémola de maíz, acompaña generalmente al cordero, a la ternera o al pollo, pero también al pescado o al marisco en las regiones de la costa. La *seffa*, semilla del cuscús salpicada con canela y azúcar glasé, es una delicia que no puede faltar al final de la comida.

## El tajín

Esta palabra da nombre tanto al plato redondo con tapa cónica como a los alimentos que contiene, y es, con mucho, la comida más extendida de Marruecos. Acompañando carnes y, más raramente, pescados, se utilizan todos los productos que da la tierra en infinitas combinaciones. El secreto de su sabor es la cocción lenta sobre brasas, hecho que casi nunca se respeta en los grandes hoteles y restaurantes turísticos.

## La *tangia marrakchia*

A base de carne de cordero y especias, es el plato favorito de los estudiantes de la madraza por su precio y rápida preparación. La *tangia* es una gran olla de barro de boca ancha en la que se mezclan los ingredientes necesarios. Requiere una noche de cocción lenta en un horno de panadería. Inexistente en los restaurantes clásicos, se puede degustar en comedores populares.

## Comer sobre la marcha

Muchos pequeños restaurantes sin pretensiones ofrecen deliciosas parrilladas. Preparadas delante del cliente en los *canoun*, unos pequeños braseros metálicos, los *kefta*, trocitos de carne muy sazonados, y las brochetas marinadas de carne de ternera, de cordero o de entrañas van siempre acompañados de la famosa ensalada marroquí: tomate sin piel, pepino y cebolla, todo cortado muy fino y aderezado con comino. A veces lo sirven en un plato, pero otras utilizan media *kesra*, pan redondo horneado con leña.

## Grandes ocasiones

El cuscús, que la mayoría de marroquíes degustan los viernes, también es el plato que casi todas las familias prefieren para honrar a un huésped. El *mechoui*, cordero

asado entero, acompaña las bodas y los nacimientos. La *mrouzia*, carne endulzada con cebollas, uvas pasas y almendras, se prepara el día de Aid el-Kebir (fiesta del cordero). La *harira*, sopa espesa a base de legumbres, se come al finalizar el ayuno diario del Ramadán. El *sellou*, pastel de harina de trigo, granos de sésamo y almendras tostadas y molidas, sirve para recuperar las fuerzas tras una jornada intensa.

## PALETILLA DE CORDERO CON MEMBRILLOS

Disponer en una cazuela la espaldilla de cordero troceada, 100 g de mantequilla, tres cebollas cortadas en lonchas finas, tres dientes de ajo machacados, jengibre, azafrán, sal y pimienta. Recubrir con 1,5 l de agua y dejar hervir durante 1 h. Retirar los trozos de carne y añadir 1 kg de membrillos cortados por la mitad y sin semillas. Vigilar la cocción de la fruta, y unos 10 min antes de finalizar añadir un vaso de miel y una cucharada de canela. Dejar reducir hasta que sea una salsa espesa.

# La arquitectura
## arábigo-andaluza

**Consecuencia de la invasión árabe del sur de la península Ibérica, el arte hispano-árabe nació del encuentro de las tradiciones artísticas islámica y andaluza. Arte y arquitectura se mezclan íntimamente para dar lugar a un estilo muy superior al de los restantes países árabes y desligado de la influencia otomana. Marrakech contiene algunos de los más bellos ejemplos.**

### Palacios escondidos

Con la apariencia externa de cubos ocres incrustados los unos en los otros, los *riads*, palabra que originalmente significaba «jardín», se encuentran en todo el mundo hispano-árabe y fueron concebidos para proteger del calor y alejar a la familia de las miradas extrañas. Los altos muros contienen pequeñas y muy trabajadas aberturas protegidas con celosías de madera primorosamente trabajadas, que permiten observar sin ser visto.

Las estancias se articulan mediante un patio central en el que brota una fuente.

### Entre el cielo y la tierra

A diferencia de los de Oriente, los minaretes marroquíes, como los españoles, son de planta cuadrada. Coronados por una claraboya cubierta con una cúpula, están construidos con piedras cuidadosamente elegidas y poseen numerosas ventanas. La Koutoubia, perfecto ejemplo de arte almohade, muestra una decoración diferente en cada una de sus caras.

## Arcos de todas clases

Bab Agnaou es un magnífico ejemplo de la maestría de los arquitectos hispano-árabes. Un arco de herradura, otro ojival y uno quebrado se superponen a otro de medio punto. También pueden verse numerosos ejemplos de arcos lobulados (de carácter decorativo y formados por una sucesión de pequeños segmentos cóncavos) y de arcos entrelazados.

## Horror al vacío

El islam prohíbe la representación de personas y animales, por lo que ha desarrollado una gran riqueza decorativa a partir del trabajo de la filigrana. La constituyen tres elementos fundamentales: la caligrafía, necesaria para escribir los versos del Corán (se distinguen los caracteres cúficos, angulosos y estilizados, de la escritura cursiva, más fina y redondeada); la ornamentación floral (arabescos en los que se entrelazan el follaje y las palmas) y los motivos geométricos (complicados encajes de diferentes polígonos).

## Nuevo mosaico

El arte del mosaico, que apareció en Marruecos en el s. X, se propagó rápidamente para convertirse en la principal ornamentación de edificios religiosos y laicos. Las composiciones geométricas que pueden realizarse ensamblando estos pequeños fragmentos de cerámica son prácticamente infinitas. Los motivos se dibujan sobre una baldosa y después el *maalem*, un artesano especializado, ayudado de un pequeño martillo con filo en los dos extremos, va cortando los trozos. Otra técnica, utilizada para los motivos florales y la caligrafía, consiste en ir cortando la baldosa hasta conseguir la forma que se busca.

## Variedad de materiales

La riqueza de la decoración de los interiores contrasta con la sobriedad del exterior de los monumentos. Los artesanos eran grandes maestros en las artes de moldear, esculpir, cincelar o grabar la piedra, el ladrillo, el mármol, el yeso o el estuco, así como la madera de cedro, que se consideraba imputrescible. Con estos materiales realizaron *claustras* (paneles calados que dejan pasar la luz y el aire), *mouquarna* (estalactitas que adornan las cúpulas y los voladizos), viguerías (las famosas *qouba*), mobiliario (cofres, sillas, puertas), frisos y dinteles (en los que se escriben versículos del Corán o se narran gestas de un rey).

## PAREDES DE TERCIOPELO

Mezcla de cal y pigmentos naturales, el *tadlack* es un enlucido que se utiliza para el revestimiento de las paredes. Su aspecto brillante y satinado es el resultado de un pulido y un lustrado exhaustivos. La clara de huevo, que se utilizaba para abrillantar y por sus propiedades antihumedad, ha sido sustituida por cera corriente. Los colorantes químicos hacen posible el gran colorido actual, frente a los ocres antiguos.

# El trabajo del cuero

**La marroquinería, que designaba en el siglo XVI todos los productos artesanales producidos en Marruecos, con el tiempo se convirtió en la palabra que nombra los artículos de cuero de calidad. Especializada en este sector desde su fundación, la ciudad confirmó enseguida su vocación para convertirse en uno de los dos mayores productores del país. El trabajo del cuero ocupa hoy el segundo puesto entre todas las actividades artesanales de Marrakech. El conjunto abarca tres especialidades: tenería, tintura y marroquinería.**

en salmuera marina y orina animal, y, finalmente, al curtido propiamente dicho, o sea, a la maceración de las pieles durante varios días en los depósitos llenos de aceite y tanino vegetal. Después realizan las operaciones de secado, limpieza y ablandamiento, y por último, el teñido en depósitos alveolares excavados a cielo abierto.

### Un trabajo tan viejo como el mundo

La abundancia de tenerías industriales no ha hecho disminuir visiblemente las tenerías tradicionales. El barrio que ocupan desde la fundación de la ciudad es el que provee de cuero a los artesanos del zoco. Los curtidores proceden al pelado, encalado, inmersión

### Dime de dónde vienes…

La calidad del cuero varía según sea el animal del que proviene. El más fino y flexible y que, por tanto, es más adecuado para la confección de prendas de vestir es, sin duda, el de cordero. El de vaca se utiliza principalmente para complementos como maletas, bolsos o mantas, porque es más grueso y resistente.

También se utiliza el de cabra para artículos como los pufs, pero es demasiado grueso y áspero.

## ... y te diré quién soy

Algunas de las grandes ciudades productoras de artículos de cuero han desarrollado técnicas de decoración propias. Los artículos típicos de Marrakech son fácilmente reconocibles por sus coloridos bordados con finas tiras de piel. Las sillas para caballos o dromedarios y los restantes aparejos para montar también son una especialidad local. Los dorados sobre piel son característicos de los artesanos de Fez, mientras que los repujados lo son de los de Rabat.

## Pies multicolores

Usadas por la mayoría de los marroquíes, las babuchas se utilizan tanto en la calle como en casa. De cuero o de ante, puntiagudas o redondeadas, bordadas en la misma gama de tonos o con motivos coloreados, siempre nos ponen en el aprieto de tener que elegir. Las babuchas de buena calidad han de ser de cuero, cosidas y no pegadas, y deben poderse plegar con las manos. Elegidlas un poco justas, pues darán de sí fácilmente.

## DETALLES QUE MARCAN LA DIFERENCIA

Aunque el cuero marroquí sea generalmente de excelente calidad, no puede decirse lo mismo de la confección. Los acabados varían mucho de un artículo a otro y es necesario inspeccionarlos cuidadosamente. Revisad sobre todo las costuras interiores, que a menudo dejan mucho que desear; las cremalleras, las botonaduras y el largo de las mangas. No aceptéis prendas con un fuerte olor, pues, contrariamente a lo que dicen los vendedores, no desaparecerá.

## Entre la tradición y la modernidad

En Marrakech pueden encontrarse toda clase de accesorios en cuero. Las bolsas pequeñas decoradas sirven para proteger el Corán. El *choukara*, gran bolso que se lleva en bandolera, aún se utiliza mucho en el campo, igual que los *darbouka*, pequeños timbales de cerámica forrados con piel de cabra. Pero también encontraremos lámparas de formas sinuosas teñidas con *henna*, artículos de oficina, portafolios y portadocumentos, bolsos, cinturones...

## Vestir totalmente de cuero

La fabricación de ropa de cuero no es una tradición marroquí, pero muchos fabricantes se han lanzado a esta aventura para alborozo de los turistas, pues los precios, inferiores a los europeos, son una invitación a la compra. Abrigos, chaquetas, calzado a la europea y otros artículos están a la venta en las tiendas de Guéliz. Una confección muy rápida les permite incluso ofrecer prendas a medida.

# Música y danza

**Sencillamente indisociables de la vida cotidiana, la música y la danza conservan un lugar de privilegio en la cultura marroquí. Enriquecidos con influencias árabes, andaluzas y bereberes, los ritmos, canciones y bailes son una herencia multisecular transmitida oralmente.**

### Instrumentos de cuerda

El laúd (traído a Europa por los árabes, tuvo mucho éxito entre los ss. XVI y XVIII) es el rey indiscutible entre los instrumentos de la música árabe clásica. Posee normalmente cuatro cuerdas y cuenta con un buen número de intérpretes virtuosos. El *guembri* (un laúd primitivo de dos o tres cuerdas de sonido grave) y el *rebab* (pequeño violín rudimentario que se toca con un arco curvo, el *qus*) están entre los instrumentos de cuerda más conocidos de la música popular marroquí.

### Percusión

Acompañantes naturales de cualquier manifestación popular, los instrumentos de percusión tienen un lugar preponderante en el paisaje musical marroquí. Los *tebilat*, timbales gemelos hechos de cerámica y cubiertos de piel; los *tarbuka* o *tarija*, de barro y piel, que se llevan bajo el brazo; los *bendir*, piel de cabra templada sobre un marco de madera redondo; los *djembe*, tambores grandes que se tocan colocándolos entre las piernas, y los *qraqeb*, unas castañuelas metálicas de los gnauas, que se venden en los puestos de instrumentos musicales del zoco de la medina, son algunos de los más utilizados.

## Instrumentos de viento

La *ghaita* u oboe beréber está formada por dos tubos de madera que poseen seis agujeros cada uno y cuyo pabellón es como el de las cornetas. Se pueden escuchar todos los días al caer la tarde en la plaza Jemma el-Fna tocados por los

Las mujeres, vestidas con trajes multicolores, se sitúan hombro con hombro formando un círculo, en el centro del cual están los músicos, y se ondulan al ritmo cada vez más frenético de los *bendir*.

### La *ahidou*

Esta danza, que se conserva en las mesetas de más de 2.500 m de altura, es mucho más estática, pero está plena de sentido comunitario. Alineados alternativamente, hombres y mujeres se balancean adelante y atrás, interpretando canciones improvisadas.

### La *guedra*

Esta palabra designa tanto a la danza como al gran tambor que la acompaña. Es originaria de la región de Goulimin, en el sur de Marruecos. Evidente evocación de un antiguo ritual místico erótico, es la más perturbadora de todas. Sola, en el centro de un círculo formado por sus compañeras, una bailarina se ondula de los pies a la cabeza al ritmo del tambor. Dejando sobresalir sólo sus manos, que parecen poseer vida propia, acaba por entregar todo su cuerpo a los espasmos sincopados, antes de acabar tendida inerte.

encantadores de serpientes. La *nira*, flauta de caña corta y gruesa, puede ser de seis u ocho agujeros y está muy difundida en los valles del Alto Atlas.

## La *alouach*

Esta danza hipnótica originaria de la región de Uarzazat se ejecuta al son de una aguda melopea en la que se alternan continuamente las voces masculinas y femeninas.

### MÚSICA DE AYER Y DE HOY

He aquí algunos títulos para conocer mejor la música marroquí antes de viajar. *Hommage à Albdelkrim Rais*, de Musicales, uno de los grandes nombres de la música hispano-árabe. También de Musicales, *Le Malhun de Meknès*, de Houcine Toulali, que da su pequeño toque personal a melodías clásicas. En el sello Sony Classic está *Les voix de Fès*, para introducirse en la espiritualidad de la música sagrada. Música entre rai y tecno, es recomendable cualquiera de los discos del cantautor Cheb Amrou. Más tradicional, el grupo Nass el-Ghiwane es célebre por sus letras comprometidas. Finalmente, los seis cantantes y percusionistas del grupo B'nat Houariyat, que interpretan ritmos del sur del país.

# Cerámica
## y metal

**Con más de mil años de antigüedad, el menaje marroquí consiguió cartas de nobleza en el siglo XV, cuando los moros que huyeron de España instalaron sus hornos en Marrakech, Fez, Mequínez y Safi. Latoneros, herreros y hojalateros forjan, dan forma, graban o cincelan los metales con instrumentos rudimentarios, siguiendo técnicas ancestrales.**

### Arte primitivo

La cerámica beréber, cuyas técnicas de fabricación no han cambiado en siglos, todavía conserva su papel utilitario. Son piezas despojadas de cualquier detalle decorativo, con formas sencillas y austeras y de color natural, y sólo se barnizan para sellar la porosidad propia de la arcilla. Entre las más corrientes están los tajín, con su tapa cónica; los *qasrisa*, grandes platos que se utilizan para servir el cuscús, y los *berrada*, cántaros para el agua.

### Refinamiento urbano

La colorida cerámica esmaltada de Fez adquirió enseguida una reputación sin igual. Aunque también utilizan los marrones, amarillos y verdes, se la reconoce sobre todo por el uso del azul con fondo blanco. Piezas realizadas en tornos rudimentarios exclusivamente por hombres, las adornan motivos geométricos y florales pintados a mano sin esquema previo. Su diaria utilización en todos los hogares marroquíes explica la rareza de los utensilios antiguos.

### Latonería

Después del oro y la plata, el cobre es el material considerado más noble. Se reconoce por los reflejos rojizos que lo diferencian del latón (aleación de cobre y cinc de menor valor), también llamado cobre amarillo. Los latoneros trabajan con gran habilidad estos dos materiales, que son muy dúctiles y maleables, con los que realizan bandejas, platos, teteras, linternas, marcos y recipientes para el azúcar o el té. Los precios, razonables, varían en función del tamaño del objeto y de la calidad del trabajo.

## Forja y hojalatería

El hierro forjado, al que se da forma martillando el metal al rojo sobre un yunque, se usa tanto en arquitectura como en decoración. Rejas de delicada ornamentación adornan puertas y ventanas, y los pasamanos de las escaleras pueden ser auténticas obras de arte. También se producen soportes de mesas, veladores, tiradores para puertas o parafuegos de chimenea. El hierro blanco, chapa de hierro dulce laminado, recubierto con una fina capa de estaño para protegerlo de la oxidación, es menos pesado y se presta para la fabricación de platos, teteras, escalfadores o palmatorias.

## Armas trabajadas

El cincelado de armas es una de las especialidades de Marrakech. Es necesario saber, sin embargo, que la gran mayoría de puñales de hoja recta o curva, con fundas guarnecidas en cuero o en plata, se hacen exclusivamente para los turistas. Más auténticos son los *moukkala*, fusiles de cañón largo que aún se utilizan en las fantasías.

## Metales preciosos

El oro, la plata y el estaño han de llevar una acuñación, pero es muy difícil saber la proporción de metal precioso que contiene una aleación. El oro y la plata que se venden en el zoco son generalmente chapados. Las pocas joyas antiguas que aún pueden encontrarse tienen unos precios exorbitantes. Son algo más baratas las reproducciones modernas que los comerciantes poco escrupulosos quieren hacer pasar por antiguas.

### ELEGIR UN OBJETO

Debéis tener claro que los objetos de este tipo que se venden por todas partes son de fabricación actual, aunque es posible que algunos tengan cierta calidad. La ciudad de la que provienen debe estar obligatoriamente impresa en el objeto. Fijaos en la finura, la complejidad y la calidad del diseño. Los colores han de estar bien delimitados y ser homogéneos. Revisad también los contornos y el asiento de los objetos.

# Visitar: **datos útiles**

## Cómo desplazarse

Caminar es la mejor manera de desplazarse en Marrakech para una inmersión total en el ambiente de la ciudad y para descubrir su auténtico

### CALLEJUELAS ANÓNIMAS

Muchas de las mejores callejuelas de la medina no tienen nombre, y, aunque lo tengan, se mencionan poco, igual que la numeración. Por ello, algunos de los lugares que os propondremos visitar no están identificados con una dirección precisa. La amabilidad de los ciudadanos suele ser el mejor medio para encontrar el camino.

rostro. Además, pocas calles de la medina permiten la circulación de coches.

### En taxi

En Marrakech hay dos clases de taxis. Los «taxis pequeños» (generalmente Fiat Uno o Peugeot 205), de color arena, que no están autorizados para salir de la ciudad, pero que constituyen el sistema más sencillo y ventajoso para hacer desplazamientos largos dentro de ella. Las carreras pueden costar entre 5 y 25 Dh, como máximo, pero no es muy caro si tenemos en cuenta que pueden llevar hasta cuatro personas (tres detrás y una delante). Todos están provistos de un taxímetro que los conductores tienden a olvidar cuando los clientes son turistas. No os preocupéis por recordarles que lo pongan en marcha, pues están obligados por la ley. Debéis recordar, sin embargo, que la tarifa nocturna es un 50 % más que lo que marca el taxímetro. Los «taxis grandes» (generalmente viejos Mercedes) son los que realizan las carreras interurbanas.

## PUBLICACIONES ÚTILES

Disponibles en quioscos y librerías, las guías y las revistas son un recurso muy útil para informarse:
– *Couleurs Marrakech*, revista trimestral, de pago: arte, fotografía, cultura, buenas direcciones, acontecimientos.
– *Marrakech de A á Z*: práctica guía, de pago.
– *Le Magazine de la ville rouge*: miniguía gratuita que está en algunos hoteles y en la oficina de turismo.

de Marrakech, pero no olvidéis acordar el precio antes de partir.

### En carruaje

Más lentos y más caros que los taxis, pero también más originales, los carruajes

un caballo exageradamente asmático.

### En autobús

Si podéis evitar las horas punta (especialmente la del fin de jornada), es el medio más económico para desplazamientos largos

Están en Bab Doukkala y Bab er-Robb y deben ir llenos (¡cuatro pasajeros detrás y dos delante!) antes de salir. Las tarifas son un poco más caras que el autobús, pero el confort es casi peor. También podéis pagar por las plazas vacías y disfrutar así de mayor comodidad. Son un excelente sistema para visitar los alrededores

recorren la ciudad en todas las direcciones. Aunque su número ha aumentado mucho gracias al turismo, son un medio de transporte tradicional de los vecinos de Marrakech. Sus tarifas aparecen en el interior del vehículo (90 Dh la hora), pero los cocheros no las respetan. Lo mejor es negociar el precio del trayecto si no queréis tropezaros con

dentro de la ciudad. Los billetes se compran directamente en el autobús (3 Dh por un viaje en el centro). Hay unas 20 líneas en servicio, pero sus trayectos no están muy bien definidos. He aquí algunos de los principales:
Nº 1: de la plaza Jemaa el-Fna a la entrada del palmeral, pasando por la av. Mohammed-V.

### ALGUNAS DIRECCIONES DE ALQUILER DE COCHES

**Avis**
137, av. Mohammed-V
☎ 024 43 25 25
✆ 024 43 12 65
avisrak@menara.ma
TLD, 8-19 h,
y dom, 8-12 h.

**Europcar**
63, bd Zerktouni
☎ 024 43 12 28
✆ 024 43 27 69
TLD, 8.30-12 h
y 14.30-19 h,
y dom, 8.30-12 h.

**Hertz**
154, av. Mohammed-V
☎ 024 43 13 94
Lun-vier, 8-12 h
y 14.30-18.30 h;
sáb, 9-12 h y 15-18 h,
y dom, 9-12 h.

**Lune Car**
111, rue de Yougoslavie
☎ 024 44 77 43
✆ 024 44 73 54
TLD, 8-12 h y 15-19 h.

**Pampa Voyage Maroc**
219, av. Mohammed-V
☎ 024 43 10 52
o 024 43 87 30
✆ 024 44 64 55
TLD, 8.30-12 h
y 14.30-19 h, y
dom, 9-12 h.

Nº 7: de la plaza Jemaa el-Fna a la carretera de Targa.
Nº 8: de la plaza Jemaa el-Fna a la estación ONCF, pasando por la av. Hassan-II.
Nº 11: de la plaza Jemaa el-Fna a la Menara, pasando por la oficina central de correos y la av. Hassan-II. Dos grandes empresas de autobuses comunican Marrakech con otras ciudades. La ONCF (empresa pública), que posee unos autobuses bastante incómodos, y la CMT (empresa privada), con unos vehículos más cómodos, climatizados y en buen estado. Los billetes se compran con antelación en la estación de autobuses de la plaza El-Mourabitoun, Bab Doukkala, en el exterior de las murallas, que también es el lugar de donde parten los autobuses.

### En coche

Es muy desaconsejable alquilar un coche para visitar el interior de la ciudad. La densidad del tráfico, la anarquía circulatoria, las dificultades de aparcamiento, la movilidad de los carruajes, la abundancia de direcciones prohibidas y de calles peatonales en la medina, no facilitan en absoluto las cosas. Quienes lleguéis en coche, deberíais dejarlo en el hotel o en los aparcamientos vigilados de Guéliz (es costumbre dar propina al vigilante) e ir en taxi hasta la medina. Por el contrario, alquilar un coche para visitar los alrededores de la ciudad es una buena idea, pero haced caso de los siguientes consejos. No alquiléis nunca por medio de los que se ofrecen por la calle. No firméis nada antes de ver el coche y de examinarlo concienzudamente. No os preocupéis por pagar un suplemento por el seguro a todo riesgo, pero comprobad que el importe de la franquicia que aparece en el contrato es correcto. Los usuarios de 4x4 habéis de saber que un vehículo con conductor es a menudo más barato (el precio del seguro disminuye mucho) y una elección más prudente.

## Guías, falsos guías y cazaturistas

La Oficina Nacional Marroquí de Turismo ha contratado unos 50 guías oficiales que conocen bien la historia de la ciudad, a los que se reconoce por su chilaba blanca y su placa numerada. Si deseáis los servicios de uno, pedidlo en la recepción del hotel o id directamente a la oficina de turismo. Estableced previamente un itinerario y dejad claro si deseáis o no visitar el interior de monumentos y museos. La tarifa oficial en vigor es de 150 Dh por media jornada y 300 Dh por toda la jornada. También existe una turba de falsos guías y cazaturistas que inunda la medina y que no cesará de importunaros. No os dejéis intimidar y rehusad firmemente sus servicios. Su único interés es llevaros a algunos comercios que les proporcionan comisión.

### ORIENTARSE

Al lado de cada dirección del capítulo «Visitar» indicamos su localización en el plano general (al final de la guía).

# Direcciones útiles

**Oficina Nacional Marroquí de Turismo**
Esquina de la av. Mohammed-V con la plaza Abd el-Moumen Ben Ali (en Guéliz). ☎ 024 43 61 79 o 024 43 61 31. De lunes a viernes, de 8.30 a 16.30 h; sábados, de 9 a 12 h y de 15 a 17.30 h; cierran los domingos. Durante el Ramadán y en verano está abierta de lunes a viernes de 9 a 15 h. Estos horarios no se respetan siempre escrupulosamente.

**Policía**
☎ 19

**Policía turística**
☎ 024 38 46 01

**Central de correos**
Plaza del 16-Novembre (Guéliz). Abierta de lunes a viernes: en verano, de 8 a 15.30 h, y en invierno, de 8.30 a 12 h y de 15 a 18 h.

**Oficina auxiliar de correos**
Plaza Jemaa el-Fna Consulado honorario de España en Marrakech
☎ 024 33 52 70/72
🄵 024 33 52 71

**Farmacias de guardia**
Existe un dispensario nocturno en la plaza Jemaa el-Fna, abierto a partir de las 23 h. ☎ 024 39 02 38. Si no, telefonead a los bomberos (☎ 15), que os darán la dirección y el número de teléfono de las farmacias de guardia en ese momento, o al sindicato de farmacéuticos (☎ 024 44 75 20).

**SOS Médicos Marruecos**
☎ 024 40 40 40.
Atiende las 24 h.

# Telefonear

La regla de oro es no hacerlo nunca desde los hoteles, pues la tarifa puede llegar a triplicarse. Hay numerosos locutorios diseminados por toda la ciudad. Allí os venderán tarjetas e incluso os calcularán el cambio de moneda. También es posible comprar tarjetas recargables Jawal para vuestro móvil, si lo habéis liberalizado y habéis cambiado la tarjeta SIM en una agencia de Maroc Telecom para poder operar con ellos. Para telefonear a España debéis marcar el 00 seguido del 34 y los nueve números del destinatario de la llamada. Para las llamadas dentro de Marrakech marcad 0 y las ocho cifras del número.

## PRINCIPALES DÍAS FESTIVOS

(Para las fiestas religiosas, ver pág. 19)
• Año Nuevo: 1 de enero.
• Aniversario de la proclamación de independencia: 11 de enero.
• Fiesta del trabajo: 1 de mayo.
• Fiesta nacional: 23 de mayo.
• Fiesta de la juventud: 9 de julio.
• Fiesta de la monarquía: 27 de julio.
• Conmemoración del juramento de Oued Eddahab: 14 de agosto.
• Aniversario de la revolución: 20 de agosto.
• Aniversario de la Marcha Verde: 6 de noviembre.
• Fiesta de la independencia (regreso del exilio de Mohammed-V): 18 de noviembre.

# Visitar Marrakech
## y sus imprescindibles

**Para que descubrir la ciudad sea más fácil os proponemos diez paseos por Marrakech, todos acompañados de un mapa, además de dos excursiones por sus alrededores. Si disponéis de poco tiempo, aquí tenéis una lista de diez imprescindibles que se han de visitar sin excusa. Están enumerados y descritos en esta guía, pero también los encontraréis de forma detallada, recogidos en fichas, al final del capítulo «Visitar».**

### Jardín Majorelle

Un jardín encantador de frondosa vegetación, creado por el pintor Jacques Majorelle y renovado por Yves Saint Laurent y Pierre Bergé. Un rincón de paz lejos de la tumultuosa medina.

**Ver pág. 15, e Imprescindibles, pág. 74.**

### Palacio de la Bahia

Este palacio de una sola planta, excepcionalmente bien conservado, cuenta con 150 habitaciones y merece una visita. A destacar los apartamentos de la favorita y los de las cuatro esposas legítimas.

**Ver Visita nº 2, pág. 46, e Imprescindibles, pág. 75.**

### Dar Si Saïd

En este antiguo palacio transformado en museo se exponen alfombras, joyas, cerámica, puertas antiguas y otros magníficos objetos que llenan las múltiples habitaciones de la mansión.

**Ver Visita nº 2, pág. 46, e Imprescindibles, pág. 76.**

### Bab Agnaou

Una obra maestra del arte almohade en la que la ornamentación floral es una auténtica maravilla. Fijaos también en el friso que enmarca la puerta.

**Ver Visita nº 3, pág. 48, e Imprescindibles, pág. 77.**

### Palacio El-Badi

Este antiguo palacio real fortificado se ha convertido en el lugar de residencia favorito de las cigüeñas de Marrakech.

**Ver Visita nº 3, pág. 48, e Imprescindibles, pág. 78.**

## Tumbas saadíes

Estas sepulturas de los sultanes saadíes escaparon de milagro de la furia destructora de Mulai Ismail. En el jardín están dispersas las tumbas de las esposas del sultán Ahmed el Dorado.

**Ver Visita nº 3, pág. 48, e Imprescindibles, pág. 79.**

## Madraza Ben Yusef

Consagrada originalmente a la enseñanza religiosa, esta madraza ha sido abierta hace poco a la cultura profana. Se pueden visitar las habitaciones de los estudiantes y la inmensa sala de piedra con techo de madera de cedro.

**Ver Visita nº 4, pág. 50, e Imprescindibles, pág. 80.**

### *Kuba* Ba'Adiyn

Único vestigio del arte almorávide, la *kuba* fue restaurada a mediados del s. XX. Puede visitarse gracias a la plataforma que rodea el edificio.

**Ver Visita nº 4, pág. 51, e Imprescindibles, pág. 81.**

### Museo de Marrakech

Si deseáis admirar el arte hispano-árabe, debéis visitar la colección de este museo. También hay exposiciones temporales de artistas marroquíes contemporáneos.

**Ver Visita nº 4, pág. 51, e Imprescindibles, pág. 82.**

## La Koutoubia

El minarete de la Koutoubia es el emblema de Marrakech. Se puede contemplar desde cualquier lugar de la ciudad. Id a verlo al anochecer.

**Ver Visita nº 6, pág. 54, e Imprescindibles, pág. 83.**

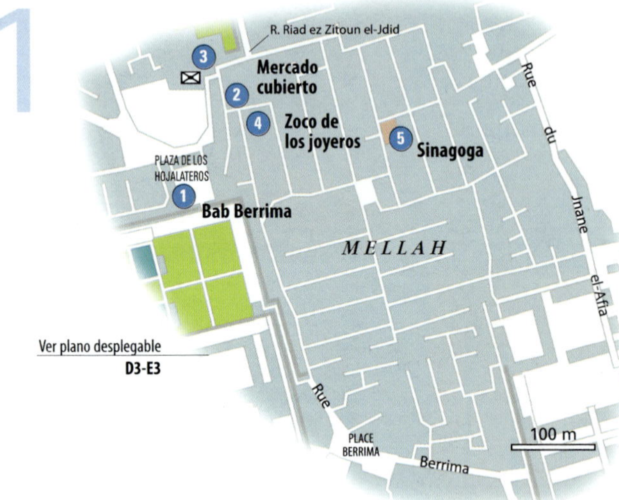


# El Mellah

**Este barrio de 18 ha que se extiende al sur del palacio de la Bahia lo mandó construir el sultán saadí Mulai Abdalá en 1558 para reunir a la población judía de Marrakech. Posteriormente, el Mellah dio su nombre a los barrios judíos de otras ciudades. Aunque todavía vive en él una importante comunidad judía, hoy también está habitado por numerosos musulmanes.**

### ❶ Plaza de los hojalateros★★★

Esta simpática placita cuadrada no tiene comparación en toda la medina y es el mejor lugar para acceder al Mellah. Los numerosos puestos de hojalatería que bordean sus cuatro costados hacen las delicias de los amantes del arte popular. Aquí hay un auténtico batiburrillo de objetos reciclados: figuras de animales, vehículos y monumentos en hierro blanco recuperado de chatarra de

todas las clases como botes de conserva o trozos de canalones, pero también hay objetos útiles como

palmatorias, linternas o parafuegos.

### ❷ Mercado cubierto★

TLD, 8.30-13 h y 15-19.30 h.

Se entra por una puerta poco visible al comienzo de la calle Riad ez Zitoun el-Jdid. La galería principal acoge los comercios de vestidos, pañuelos y calzado. Algunas tiendas de abalorios ofrecen

una selección de perlas multicolores en collares y brazaletes de fantasía a precios sin competencia. Los puestos empiezan a abrir sobre las 9 h.

### ❸ Polvos milagrosos★★

Las tiendas de especias, agrupadas en el segundo callejón, a la derecha de la galería principal, llenan el aire de aromas suaves y picantes a la vez. Estas tiendas sobrecargadas, cuya clientela es casi exclusivamente femenina, también ofrecen un gran surtido de plantas secas, polvos y ungüentos de múltiples usos. La piedra de alumbre es excelente para después del masaje; la piedra pómez (*bahara*) suaviza la piel de los pies; el *souak*, corteza del nogal, devuelve

el rosa a las encías y blanquea los dientes; la arcilla blanca purifica el rostro, y las piedras de ámbar, almizcle o jazmín perfuman exquisitamente la piel.

### ❹ Zoco de los joyeros★

**10-13 h y 16.30-20 h.**

Situado frente a la entrada del mercado cubierto, al otro lado de la calle Riad ez Zitoun el-Jdid, el zoco de los joyeros acoge a una cincuentena de comercios en torno a un pequeño patio rectangular. Antaño mercado del tráfico

de oro y joyas bereberes, ahora está sometido a un estricto control. Se encuentran sobre todo joyas trabajadas en oro

de 18 quilates (entre 120 y 150 Dh el g, según sean el trabajo y las fluctuaciones del mercado). Las joyas de plata también se venden al peso (entre 10 y 15 Dh el g). Es inútil intentar encontrar joyas bereberes antiguas.

### ❺ Sinagoga★

En el corazón del barrio, en un callejón idéntico a los demás, tras una puerta metálica marrón sin ningún signo distintivo, se encuentra la sinagoga. Después de pedirle a algún chiquillo del barrio que os guíe, no debéis preocuparos por solicitar que os dejen visitarla. Entonces descubriréis un maravilloso patio en el que la ebanistería, las pinturas y los mosaicos son una sinfonía de blanco y azul, que también son los colores de la pequeña sinagoga, sencilla e íntima.

### ❻ GOLOSINAS

Para los más golosos, los cocos, diminutos merengues de tonos pastel (rosado, azul y verde), se venden en numerosos puestos del Mellah. Estos bocaditos que se funden en la boca os calmarán el hambre sin vaciar el monedero. Obtendréis más de un centenar de ellos por 10 Dh. ¡Nadie puede quedarse sin probarlos!

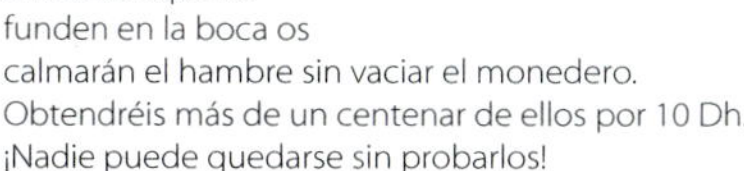

# Alrededores de
## Riad ez Zitoun el-Jdid

**Esta calle estrecha y animada que une la plaza Jemaa el-Fna con el palacio de la Bahia, es una de las principales arterias de la medina. El barrio que atraviesa era donde residían los altos funcionarios y dignatarios del país a principios del siglo pasado. Puertas que dan a las calles adyacentes ocultan auténticos palacios, a veces abandonados.**

de Marrakech. Ideal para hacerse una idea a fondo del ambiente fresco y refinado de los jardines y los apartamentos de las esposas y las concubinas. No dejéis de admirar el techo de madera de cedro labrada y con pinturas policromadas de la sala de Honor.

### ❶ Palacio de la Bahia★★★

**Ver Imprescindibles, pág. 75 TLD, 8.30-11.45 h y 14-17.45 h (inv), y 8.30-13 h y 16-19 h (ver); vier, 8.45-11.30 h y 15-17.45 h. Entrada de pago. Posibilidad de visita guiada.**

Hecho construir a finales del s. XIX por el gran visir Sidi Moussa, y posteriormente ampliado por su hijo Ba Ahmed, el fastuoso palacio de la Bahia («la Bella») es uno de los mejor conservados

### ❷ Dar Si Saïd★★★

**Ver Imprescindibles, pág. 76 TLD, excepto mar, 9-12 h (vier, 11.30) y 15-18 h. Entrada de pago. Posibilidad de visita guiada.**

Construida a finales del s. XIX por el gran chambelán Si Saïd, hermano del visir Ba Ahmed, esta hermosa mansión acoge el Museo de Artesanía Marroquí. Repartidas en dos pisos que rodean un sombreado patio, numerosas estancias contienen colecciones de joyas, armas,

tallas en madera, cerámica y trajes tradicionales. Una visita obligatoria para familiarizarse con las alfombras bereberes.

### ❸ Casa Tiskiwin★★

**8, rue de la Bahia**
**10-12.30 h y 15-18 h**
**(horario variable).**
**Entrada de pago.**

Señalizada con un sencillo trozo de hierro forjado (empujad la puerta para comprobar si está cerrada), esta antigua mansión de un alto funcionario fue restaurada y convertida en museo por el coleccionista holandés Bert Flint. Se puede contemplar una buena parte de su colección privada de textiles y alfombras.

### ❹ Creador de mosaicos reconvertido

**196, rue Riad ez Zitoun**
**el-Jdid**
**TLD, 9-12.30 h y 15-19 h.**

Utilizando la técnica tradicional del mosaico cortado, este artesano realiza frente a los clientes gran

variedad de motivos animales y vegetales en cuadrados de 10 cm. Suele tardar unas 3 o 4 h para realizar los encargos especiales.

### ❺ Ritmos endiablados

**84, rue Riad ez Zitoun**
**el-Jdid**
**TLD, 9-19 h.**

Parada obligada para los amantes de la percusión. Al fondo del *raï* podréis elegir un instrumento tradicional como las *tarbouka* (timbales de cerámica) de todos los tamaños (calculad 50 Dh por los más pequeños); las *djembe*, en madera (entre 150 y 500 Dh, según el tamaño); los *bendir*, tambores con bastidor, o las *qraqan*, especie de castañuelas de metal utilizadas por los gnauas (unos 100 Dh).

### ❻ Riad Tamsna★★

**23, Derb Zanka Daika,**
**Riad ez Zitoun el-Jdid**
**☎ 024 38 52 72**
**TLD, 10-24 h.**

Ambiente cálido y armonioso el de este bonito *riad* en el que un bocado ocasional, comidas o meriendas os darán ocasión de degustar una cocina ligera y refinada que da categoría a los frutos y verduras de huerto.

Para curiosear tras la comida, están la biblioteca o las tiendas de papelería de lujo, diseño de la casa, además de otros accesorios de moda, que son otras tantas tentaciones.

### ❼ Colores orientales

**233, rue Riad ez Zitoun**
**el-Jdid**
**☎ 024 38 97 39**
**TLD, 9-19 h.**

Esta tienda ofrece un surtido desordenado pero armonioso de objetos para todos los gustos y bolsillos, desde posavasos en pasamanería (150 Dh la decena) hasta camisetas impresas (entre 100 y 150 Dh), pasando por vasos de té decorados, sacos de seda vegetal, imanes con forma de babucha o de dromedario, o collares y pulseras de pasamanería (entre 80 y 150 Dh). Las ideas para regalos con color oriental no os faltarán.

### ❽ CASA LALLA★★★

Entre los numerosos hoteles de Marrakech, he aquí uno de valor impagable. Además de la belleza de la decoración, el confort y la amabilidad de la acogida, la calidad excepcional de su restaurante, abierto a los no residentes, lo convierten en uno de los lugares más solicitados de la ciudad. Richard Néat, poseedor de dos estrellas Michelin, ha conseguido crear recetas novedosas que mezclan con éxito la tradición marroquí con la occidental. Es mejor reservar con unos 15 días de antelación.

**Rue Riad Zitoun Lakdime, 16 Derb Jamaa**
**☎ 024 42 97 57, ☎ 024 42 97 59**

**3**

# La kasba

**Este barrio fortificado construido por el soberano almohade Yacub al-Mansur en el lugar que ocupaba la kasba almorávide, a la que consideró demasiado pequeña, siempre ha estado rodeado por sus altas murallas. Aquí se edificó en el siglo XVIII el palacio real, perpetuando así su estatus de barrio real.**

### ❶ Bab Agnaou★★★

**Ver Imprescindibles, pág. 77**

La puerta llamada «del carnero sin cuernos», por haber perdido dos de los contornos que la enmarcaban, es una de las más imponentes de Marrakech. Construida en la piedra gris azulada del yébel de Guéliz y a la que las arenas del desierto han dado su actual

tono rojizo, se distingue por la superposición de arcos de diferentes estilos. Contemporánea de la Koutoubia, fue durante mucho tiempo el principal acceso de la kasba y el lugar en el que se exponían las cabezas cortadas de los condenados a muerte.

### ❷ Palacio El-Badi: «el Incomparable»★★★

**Ver Imprescindibles, pág. 78**
**TLD, 8.30-14.45 h**
**y 14.30-17.45 h.**
**Entrada de pago.**

Ahmed al-Mansur lo mandó construir en 1578, tras su victoria sobre los portugueses en la famosa batalla de los Tres Reyes. La realización de este suntuoso palacio,

bautizado con uno de los 99 nombres de Dios, se prolongó durante más de 25 años. Destruido totalmente por Mulai Ismail a finales del s. XVII, hoy sólo queda de él su muralla -en la que cientos de cigüeñas han hecho sus nidos-, algunas fuentes y los vestigios de algunos pabellones. Pero el lugar no ha perdido la majestuosidad y es perfecto para evocar un pasado de gloria y fastos.

### ❸ Tumbas saadíes★★★

**Ver Imprescindibles, pág. 79**
**TLD, excepto mar,**
**8.30-11.45 h y 14.30-17.45 h.**
**Entrada de pago.**

Único vestigio de la grandeza de la dinastía saadí, esta

necrópolis fue construida en el actual recinto de la *kuba* en el s. XVI por Ahmed el Dorado, para recoger los restos de sus antepasados. Encerradas en la muralla de la mezquita de la kasba por Mulai Ismail, las tumbas fueron redescubiertas en 1917. La sala de las Doce

Columnas de mármol de Carrara que soportan una cúpula maravillosamente esculpida de 12 m de altura es una obra admirable.

### ❹ Mezquita de las manzanas de oro★

Única superviviente de la kasba almohade, la mezquita de Yacub al-Mansur lleva el nombre del soberano que la mandó edificar. Su minarete, adornado con un encaje de arabescos entrelazados formando rombos sobre un fondo esmaltado en verde, y coronado con un friso de mosaicos, fue durante mucho tiempo el modelo para todas las mezquitas de Marruecos. Casi totalmente destruida en el s. XVI, fue restaurada y rebautizada como «mezquita de las manzanas de oro» a causa de la leyenda que cuenta que las bolas que la culminan se hicieron, como las de la Koutoubia, con las joyas de una esposa infiel de Yacub al-Mansur.

### ❺ Café-palacio El-Badia

4, rue Touareg Berrima
Bab Mellah
☎ 024 38 99 75
TLD, 6-22 h.

La terraza panorámica de este café, que domina la plaza de los latoneros, rodea las murallas del palacio que lleva su nombre. Parada ideal para tomar un refresco, se llega girando dos veces a la derecha, después de Bab Berrima. Echad una ojeada al 1er piso, sobre la peluquería, totalmente auténtico.

### ❻ Vida en las calles

Un paseo por las calles de la kasba es imprescindible para impregnarse del auténtico ambiente de este barrio residencial. La incesante circulación de bicicletas, motos, coches y algunos carros tirados por asnos o mulas y el barullo que produce es un espectáculo impagable.

### ❼ Baños de Marrakech★★★

2, derb Sedra Bab Agnaou
☎ 024 38 14 28 (reservas)
🅕 024 38 47 31
www.lesbainsdemarrakech.
com

Cuando sensualidad y elegancia se conjugan, el nirvana se alcanza con la mano. *Tadlack* irisado, alfombras mullidas, iluminación tamizada y fragancias embriagadoras estimulan el placer de los sentidos, que culminará entre los vapores de un hammán privado o en un baño con aceites esenciales salpicado de pétalos de rosa. Cuidados para el rostro y el cuerpo (desde 60 Dh por la depilación de las cejas hasta 160 Dh por la pedicura), drenajes linfáticos, masajes relajantes, tonificantes o adelgazantes (200 Dh por 30 min y el doble por 1 h, los más caros). ¡La variedad de la voluptuosidad es infinita!

### ❽ FESTIVAL DE LAS ARTES POPULARES★★

Cada año, a principios del mes de junio (para mayor precisión, contactad con la oficina de turismo en el ☎ 024 43 6179 o consultad en el apartado «Agenda» de la página www.emarrakech.info), el palacio El-Badi renace. Su gran patio, tapizado con cientos de alfombras, se convierte en teatro de la manifestación folclórica más grande del país. Una auténtica exposición panorámica de la cultura tradicional marroquí que es la ocasión ideal para descubrir los cantos, los ritmos, la música y la danza que se han mantenido durante siglos, transmitidas de generación en generación.

# 4

Ver plano desplegable
**D2-E2**

# Barrio
## Ben Yusef

**Centro religioso e intelectual de la ciudad durante siglos, este barrio situado en los límites de los zocos es uno de los lugares importantes de la medina antigua. Punto de peregrinación para quienes hacen el recorrido de los siete santos patrones de la ciudad, también es un barrio residencial, populoso y animado.**

### ❶ Madraza Ben Yusef★★★

**Ver Imprescindibles, pág. 80 TLD, 9-18 h (ver, 19 h). Entrada de pago (posibilidad de billete conjunto con la *kuba* y el museo). Cierra durante las fiestas religiosas.**

Fundado a mediados del s. XIV por el mariní Abu el-Hassan y embellecida en 1565 por el saadí Mulai Abdalá, esta escuela coránica, que durante mucho tiempo tuvo fama universal, es uno de los edificios más bellos de la ciudad. La riqueza ornamental de su interior es un buen reflejo de la sofisticación de los mariníes. La disposición poco habitual de las casi 100 habitaciones de estudiantes en torno a siete patios y la existencia de ventanas que dan a la calle, le confieren características excepcionales.

### ❷ Mezquita Ben Yusef★

Construida en el s. XII por los almorávides, en gran parte destruida y reconstruida por los almohades y restaurada en el s. XIX, es la mezquita más antigua de la ciudad. Dedicada a Sidi Yusef ben Alí, santo patrón de Marrakech, ocupada por los leprosos y habitada por

mendigos, fue durante mucho tiempo el centro neurálgico de la ciudad. Sólo está abierta para los musulmanes.

### ❸ *Kuba* Ba'Adiyn ★

**Ver Imprescindibles, pág. 81
TLD, 9-18 h (ver, 19 h).
Entrada de pago.**

Único vestigio del arte almorávide y única parte que queda en pie de la primera mezquita Ben Yusef, la *kuba* Ba'Adiyn, descubierta en 1948, también es el monumento más antiguo de Marrakech. Una terraza a media altura dispuesta en torno al edificio permite admirar cómodamente los cabríos de la cúpula decorados con relieves y las arquerías entrelazadas en torno a una estrella de siete puntas.

### ❹ Museo de Marrakech ★★

**Plaza Ben Yuossef, frente a la madraza del mismo nombre.
☎ 024 44 18 93
TLD, 9-18 h (ver, 19 h);
cierra durante las fiestas religiosas.
www.musee.ma
Entrada de pago.
Ver Imprescindibles, pág. 82**
Creado en 1995 por la Fundación Omar Ben Jelloun en un palacio del s. XIX totalmente restaurado, el Museo de Marrakech contiene una colección de objetos antiguos (coranes, monedas, cerámicas, adornos y trajes regionales) y acoge exposiciones itinerantes de artesanos contemporáneos. Una pausa de tranquilidad en el corazón de la medina para respirar el ambiente de una mansión antigua.

### ❺ Chrub o Chouf

Es una de las pocas fuentes de Marrakech que han sido respetadas por el tiempo y las guerras. Llamada fuente «madera para admirar», su hermosa fachada en madera está tallada con inscripciones en cursiva y caracteres cúficos.

### ❻ Comer sobre la marcha

Justo tras la mezquita Ben Yusef, las callejuelas que entran en la medina por la izquierda están llenas de puestos que ofrecen ensaladas y asados a buen precio. Aquí vienen a comer muchos comerciantes y artesanos de los zocos. Se puede degustar una comida ligera, a base de un buñuelo relleno y caliente hecho al instante, en uno de los minúsculos puestos callejeros.

### ❼ Barrio de las tenerías ★

Relegado desde el principio a los confines de la ciudad por el olor nauseabundo que despide, el barrio de los curtidores está protegido por

Bab el-Debbagh, una puerta defensiva formada por cinco recodos sucesivos. Las ramas de menta fresca que ofrecen los chiquillos del barrio os ayudarán a soportar los fuertes efluvios durante la visita. Los curtidores, según procedimientos ancestrales, pisan con las piernas desnudas las pieles que van pasando de un depósito a otro, siguiendo todas las etapas necesarias para el curtido.

### ❽ AU RÊVE BERBÈRE

Esta tiendecita, cuyo propietario, Abdelkader Kimdil, os atenderá amablemente, contiene una buena selección de artículos de piel de vaca, cabra, cordero y dromedario. Pufs de diferentes calidades (de 150 a 300 Dh), maletas (500 Dh por una blanda alargada de tamaño mediano), bolsos multicolores en piel flexible (150 Dh los de 60 cm) y, sobre todo, una infinidad de sandalias (alrededor de 60 Dh el par) de todos los colores. Las alfombras son la segunda vocación de la casa.

**129, rue Bab el-Debbagh
☎ 024 37 86 14
TLD, 9-13 h y 15-19 h.**

**5**

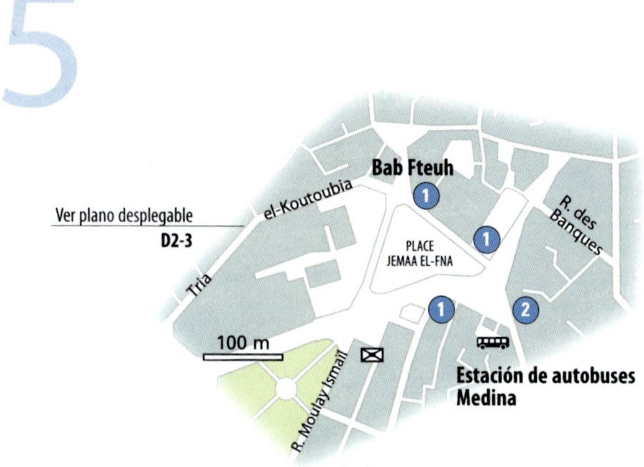


# Plaza
## Jemaa el-Fna

Esta inmensa explanada, auténtica corte de los milagros, es uno de los lugares más famosos de todo el Magreb. Llamada también «plaza de la Nada», «Asamblea de los Muertos» e incluso «Reunión de los Difuntos», debido a su pasado como arenal en el que se exponían los cuerpos y las cabezas de los ejecutados, es un hito indiscutible, el centro neurálgico de Marrakech, que ofrece a cualquier hora un espectáculo variado y fascinante.

### ❶ Vista desde arriba★★★

Para hacerse una idea de sus dimensiones y de su incesante actividad, lo mejor es observarla desde donde se la pueda abarcar. Las terrazas de los cafés de France, de la Place, Le Balcon o el Argana ofrecen una vista impresionante.

Podéis disfrutarla mientras bebéis algo, pues sus cocinas no están a la altura de su emplazamiento.

### ❷ Granja Toubkal★

TLD, desde el amanecer hasta las 23 h.

En este pequeño restaurante, situado frente a la calle Riad ez Zitoun el-Kdim, una comida completa no excede los 50 Dh. Brochetas, tajines y un gran surtido de yogures pueden degustarse en su terraza mientras se observa la incesante animación de la plaza.

### ❸ Restaurantes ambulantes★

Desde el amanecer hasta la noche, innumerables mesas se instalan en la plaza para ofrecer infinidad de platos. En sencillos bancos de madera dispuestos en torno al cocinero se sienta una legión de comensales que darán cuentas de las humeantes *harira*, de los tajines de carne o de verduras, de los pollos asados y de la gran variedad de brochetas y ensaladas que conforman comidas que no sobrepasan los 50 Dh. Absteneos los que tengáis estómagos delicados o, en todo caso, conformaos con los tajines cocidos y recocidos.

### ❹ Desayuno insólito

Con la apertura de los zocos, la plaza se despierta. Los comerciantes de cítricos ofrecen desde sus carros zumo de naranja recién exprimido por 3 Dh. Pistachos, nueces, almendras y cacahuetes tostados, que abundan en los puestos de los comerciantes de especias, acompañan maravillosamente un té a la menta. Y si la suerte os sonríe, los buñuelos de los vendedores ambulantes aún estarán calientes.

### ❺ Incursión en la Edad Media

Al atardecer, una locura bulliciosa y abigarrada invade la plaza, que entonces se convierte en escenario de multitud de atracciones. Bailarines y músicos se dejan arrastrar por ritmos absorbentes, los acróbatas de Amizmiz construyen sus pirámides humanas, los narradores de cuentos fascinan a la muchedumbre maravillada, los adivinos prometen el oro y el moro, los amaestradores de monos hacen bromas a los paseantes, los encantadores de serpientes subyugan a los espectadores y los escribanos públicos sentados en el suelo a la sombra de un paraguas atienden a los parroquianos.

### ❻ Los *guerrab*

Estos porteadores de agua atraviesan la plaza en todos los sentidos vistosamente ataviados. Guarnecidos con sus brillantes tazas de cobre, ofrecen agua fresca que llevan en odres de cuero. Es mejor ser prudente y contentarse con fotografiarlos (ellos suelen ofrecerse) a cambio de unas monedas.

### ❼ Un valor seguro

Colocados entre el barullo en rincones y esquinas, los niños, canastillos en bandolera, ofrecen gritando toda clase de dulzuras: *chabakya*, cuernos de gacela o buñuelos, pero también *kesra* de trigo, cebada o sémola.

### ❽ LOS GNAUAS

Descendientes de antiguos esclavos sudaneses o guineanos, los gnauas, vestidos con caftanes bordados y tocados con bonetes multicolores bordados con

pedrería, ejecutan danzas acrobáticas acompañados con sus tambores, sus *guembri* y sus *qraqeb* (especie de castañuelas metálicas de vibrante sonido). Aunque aquí sólo se ve el aspecto folclórico de su música tradicional, ellos son en realidad músicos guerreros que invocan a los espíritus, cuyas hipnóticas melopeas provocan trances que pueden llegar a durar varias horas.

**6**



Ver plano desplegable
**C2-3 / D2-3**

# Alrededores de la Koutoubia

**Esta parte de la ciudad, situada en el límite de la muralla, es el auténtico centro geográfico de Marrakech. De un lado, la ciudad nueva, que gira en torno al eje de la avenida de Mohammed-V, y del otro, la medina, tras las viejas murallas de ocho siglos de antigüedad.**

## ❶ La Koutoubia★★★

**Ver Imprescindibles, pág. 83**

Construida dos veces (la primera vez no estaba correctamente orientada hacia La Meca), hacia finales del s. XII por Abd el-Moumen, la Koutoubia, o mezquita de los Libreros, debe su nombre al mercado de libros que entonces la rodeaba. Su minarete, cuyas cuatro caras ostentan una decoración diferente, es una obra maestra del arte hispano-árabe, y su aparente sencillez y estudiadas proporciones sirvieron de modelo a la Giralda de Sevilla. Con sus 77 m, incluyendo la aguja, es el orgullo de Marrakech y el punto de referencia tanto para los fieles como para los viajeros extraviados. Desafortunadamente, a los no musulmanes no se les permite visitar la mezquita.

## ❷ Los jardines

La magnífica rosaleda que rodea la mezquita se ha convertido en paseo y punto de encuentro para numerosos vecinos que no dudan en venir con toda la familia. La estupenda restauración de la mezquita ha revalorizado los arcos de los muros, así como los cimientos de la primera mezquita y la base de las numerosas columnas que forman las naves.

### ❸ Mausoleo de Yusef Ben Tachfín

Parada obligada para quienes peregrinan a Marrakech, este modesto mausoleo blanqueado con cal es probablemente un cenotafio, es decir, un sepulcro vacío. La leyenda dice que el alma de Yusef Ben Tachfín no consideró dignas de ella las diferentes *kubas* erigidas en su honor y las destruyó sistemáticamente. Desafortunadamente, como ocurre con las mezquitas, sólo los musulmanes pueden visitarlo.

### ❹ La Mamounia★★

**Detrás de Bab el-Jdid**

Este magnífico y célebre palacio que ha acogido a tantos famosos se puede

visitar totalmente. Es el lugar ideal para tomarse una cerveza al caer la noche en el Churchill, el piano bar de cálido ambiente que abre todas las noches a partir de las

21 h (el precio de las consumiciones está en consonancia con la popularidad del lugar). Las aves nocturnas deberían ir trajeadas y encorbatadas para acabar la velada en una mesa de juego.

### ❺ Conjunto artesanal★★

**Av. Mohammed-V**
**TLD, 9-13 h y 14.30-20 h.**

Ideal para acercarse a los diferentes productos artesanales y familiarizarse con sus precios en un ambiente tranquilo y ordenado. Aquí están reunidos por profesiones y en tiendas numeradas artesanos con diplomatura estatal que a menudo trabajan a la vista del cliente. Se puede contemplar la destreza de tejedores, de latoneros o la precisión de los que trabajan el mosaico. Los precios son entre un 10 y un 20 % más caros que

los que se pueden obtener tras un largo regateo en los zocos.

### ❻ Hermosas mansiones

Frente a la Koutoubia, en un jardín florido, se alza Dar Mulai Alí. Esta mansión del s. XIX es la residencia particular del cónsul francés. No lejos de ella, Dar Baroud, que, como su nombre indica, servía de arsenal durante el protectorado francés y hoy es sede de un colegio.

### ❼ Café Islane★

**279, av. Mohammed-V**
**☎ 024 44 00 81**
**TLD, del amanecer a las 23 h.**

Totalmente recubierta de *bejmat* (ladrillitos de arcilla molida y cocida) pintados de blanco y verde, la terraza panorámica de este café ofrece una vista incomparable de la Koutoubia y sus jardines, que se alarga hasta la Mamounia. Es posible comer en la pizzería que ocupa la parte posterior de la terraza.

### ❽ LOS SIETE SANTOS

Marrakech acoge las tumbas de siete santos reverenciados por el conjunto de su población, que son objeto de una peregrinación reservada exclusivamente a los musulmanes bajo unas estrictas reglas. Durante siete días, a partir de un martes, el peregrino ha de visitar las tumbas de los santos, el más popular y venerado de los cuales es Sidi Bel Abbès, patrón de la ciudad (ver pág. 57). Conocido por su dedicación a los pobres y los enfermos y por su severidad con los malos practicantes, el santo vivió en el s. XII.

**7**

Ver plano desplegable
**C2 / D1-2**

# Alrededores de
## Bab Doukkala

**Barrio bisagra, situado a medio camino entre la ciudad antigua y la moderna, es nexo entre los zocos y simboliza muy bien el encuentro de dos mundos obligados a cohabitar. Uno pasa, sin casi darse cuenta, de la densa calle Fatima Zohra, rebosante de vehículos de todas clases, a las sinuosas y solitarias callejuelas en las que sólo se aventuran los carros.**

### ❶ Hammán el-Pacha★
**Rue Fatima Zohra**

Este hammán, que posiblemente sea el más grande de Marrakech, no responde al esquema típico. Una inmensa sala, cuyo techo se alza más de 6 m, acoge a las mujeres de 12 a 19 h y a los hombres a partir de esta hora hasta las 24 h. Situado en un palacio, a la izquierda, según se viene de la avenida Mohammed-V, sólo se distingue por las señales de entrada de hombres y de mujeres.

### ❷ Bougainvillea Café
**33, rue Mouassine**
**☎ 024 44 11 11**
**TLD, 10-22 h.**

Situado en un gran patio de tonos rosados y ocres en el que se mezclan el estilo hispano-árabe y la decoración moderna, este café puede ser una simpática parada para un

piscolabis o para una comida más seria a cualquier hora del día. Batidos (25 Dh), cócteles de frutas (30 Dh), sándwiches (35 Dh), pizzas (de 30 a 45 Dh), *keftas* o tajines (de 60 a 70 Dh).

## ❸ Calles Bab Doukkala y Dar el-Pacha★★

La animación comienza en Dar el-Pacha, la antigua residencia del Glaoui, construida a principios del siglo pasado, que se adivina tras sus altos muros austeros. Sus suntuosos jardines y patios enlosados en mármol, sus numerosos salones para recepciones y su harén, que se está restaurando, se convertirán en museo. Numerosos comercios de objetos artísticos y antigüedades están situados en estas dos calles. Los elevados precios eximen de la obligación de comprar, pero aceptan tarjetas de crédito.

## ❹ Zaouïa Ben Slimane el-Jazouli

Esta tumba del periodo saadí, parcialmente reconstruida en el s. XVIII por Mohamed ben Abdalá, contiene los despojos de uno de los siete santos de la ciudad. Este gran místico, que se proclamaba descendiente del Profeta, fue uno de los líderes de la *yihad* (guerra santa) contra los portugueses. Al lado del mausoleo, cuyo acceso está reservado a los musulmanes, hay una fuente embaldosada en porcelana cubierta con un tejadillo de madera tallada.

## ❺ Zaouïa de Sidi Bel Abbès

Este santuario, construido a principios del s. XVII, cuya entrada está reservada a los musulmanes, contiene los despojos de este santo guerrero y ardiente predicador del s. XII. Todavía pueden verse, principalmente los miércoles, las ofrendas (frutos secos, cestería…) dejadas por los peregrinos para los pobres y los ciegos.

## ❻ Mezquita Bab Doukkala★

Construida en 1557 y 1558 por orden de Lalla Messaouda, gran protectora de las artes y las letras, esta mezquita es muy diferente de las de la kasba. Es el último vestigio de las numerosas construcciones que emprendió la madre del sultán saadí Ahmed al-Mansur. La fuente Sidi el-Hassan (uno de los artistas protegidos por Lalla Messaouda) está cubierta por tres cúpulas y tiene 15 m de largo y 5 m de ancho.

## ❼ Zoco Kimahin o zoco de los músicos★★

Aquí están los fabricantes de instrumentos musicales tradicionales. De las numerosas tiendecitas salen los ruidos graves o metálicos de martillos, cepillos o sierras que sirven para transformar simples bloques de madera en laúdes, *guembri*, timbales… Un espectáculo tranquilo y sosegado.

## ❽ TOBSIL★★★

Es, indiscutiblemente, uno de los mejores restaurantes de cocina marroquí de la ciudad. Christine Rio ofrece, en este antiguo *riad* restaurado íntegramente con buen gusto, un menú gastronómico en el que conjuga con originalidad tradición y finura. David Bowie, Johnny Halliday, Fabrice Luchini y otras muchas celebridades han descubierto este pequeño rincón del paraíso de ambiente cálido y elegante.
**22, Derb Abdellah ben Hessaien R'mila Bab Ksour Reserva obligatoria**
☎ **024 44 40 52 o 024 44 15 23 Cierra mar, 1 de julio-31 de agosto, 10-20 de dic y 20-30 ene.**

# Zocos

**Es difícil, por no decir imposible, proponer un paseo coherente por lo mejor de este dédalo inextricable en el que los diferentes zocos tienden a mezclarse. No debéis preocuparos por dejaros llevar por la inspiración y meteros por algunas callejuelas retorcidas e ir pidiendo que os orienten a medida que lo necesitéis. Entrar a los zocos por Bab Ksour en lugar de por la plaza Jemaa el-Fna es un buen sistema para evitar el acoso de los guías.**

Mouassine, las dos erigidas en el s. XVI por el saadí Mulai Abdalá. La monumental fuente conserva sus tres hermosas arcadas, así como el dintel de madera de cedro sostenido por un pórtico con adornos de escayola muy trabajada. La mezquita de al lado, que lleva el mismo nombre que la fuente, data del s. XII, aunque ha sufrido numerosas transformaciones a lo largo de ese tiempo.

durante la noche, que hoy son extensos almacenes donde se negocia con los comerciantes de la zona el género que traen los traficantes. No debéis dejar de ver los que están entre la calle

### ❶ Calle Mouassine★★★

Es una calle larga y a cielo abierto que llega hasta la mezquita y la fuente

### ❷ Los fondacs★★

El barrio está lleno de fondacs, los locales donde los antiguos caravaneros guardaban sus mercancías

El-Ksour y Bab Fteuh, poco frecuentados por los turistas y donde, en medio de un gran barullo, pueden encontrarse auténticas antigüedades, no necesariamente muy caras.

### ❸ Zoco Chouari★

Reino de los carpinteros, los ebanistas y los cesteros, este tranquilo zoco tiene aroma de cera de abejas. Los cesteros fabrican con gran destreza cuévanos trenzados, *chouari* (cestos dobles que llevan los asnos), canastillos y toda clase de cestas. Los talladores de madera, no menos hábiles, esculpen, liman y pulen la tuya, el cedro, el nogal o el limonero para hacer cofres, botes, tableros de ajedrez, celosías y toda clase de muebles.

### ❹ Zoco de los tintoreros★

Víctima de los procedimientos industriales y de los colorantes químicos, este pequeño zoco no hace honor a su nombre. Vestigios de su pasada actividad, madejas de lana, seda u otras fibras en tonos rosados, azules, rojos o amarillos cuelgan sobre las callejuelas

para beneplácito de los fotógrafos.

### ❺ Zoco Smarine

Situado sobre la calle del mismo nombre, la principal arteria que sale de la plaza Jemaa el-Fna, este zoco agrupa bazares y tiendas de ropa que no tienen gran interés. Para encontrar los trajes tradicionales en algodón, muselina o brocado, así como caftanes, es mejor dirigirse a los *kissaria*, situados a la izquierda de este zoco, antes del cruce con la calle El-Ksour.

### ❼ Plaza Rahba Kdima★★★

Antiguo mercado de esclavos reconvertido en mercado del grano, esta plaza es uno de los lugares más pintorescos de los zocos. Rodeadas por pieles de todo tipo de animales, madejas de lana de todos los colores, utensilios de cocina y comerciantes de aves y verduras, aquí es donde atienden las *hannaya*, sentadas en sus diminutos asientos de plástico, que por entre 25 y 35 Dh ejecutan, en pocos minutos, dibujos espléndidos de encajes en *henna*, en manos y pies.

### ❻ LA LAMPE D'ALADIN ★★

Anticuario de buena reputación, M. Kabbaj ha reunido aquí un buen número de piezas seleccionadas con buen criterio; tejidos y bordados antiguos, cerámica, armas, joyas, pinturas, grabados y diversos objetos de artes decorativas. Desafortunadamente, los precios son altos, y las compras, sin convertirse en imposibles, son más difíciles que en otros lugares.

**70 bis, zoco Smarine**
☎ **024 44 34 84**
**TLD, 9-20 h.**

### ❽ Zoco de los farmacéuticos★★

Instalados en el lado derecho de la plaza Rahba Kdima y en las callejuelas adyacentes, los comerciantes de especias surten a todos los curanderos y magos de la ciudad. Gran cantidad de plantas medicinales apiladas, polvos olorosos y coloridos, productos de belleza naturales, raíces enmarañadas, animales momificados, pieles de leopardo y otras curiosidades atestiguan la vitalidad de estas prácticas ancestrales. Los farmacéuticos estarán encantados de explicaros

las propiedades curativas, embellecedoras o mágicas de cada una de las plantas u objetos que venden y os ofrecerán todo tipo de talismanes, amuletos y filtros de amor.

### ❾ Zoco Zarbia★★★

Fascinante por su colorido, que cambia con la posición del sol, este tranquilo zoco, cuyo nombre significa simplemente alfombra, se llena cada día hasta las 16 h con las voces y los gestos de compradores y vendedores. Es la subasta beréber, venta en puja pública abierta

a todos… los que sepan hablar árabe. Si no es el caso, sólo se pueden recorrer las tiendas buscando el objeto elegido. Búsqueda que requiere gran paciencia y sagacidad para conseguirlo al mejor precio posible.

### ❿ Antiguas *kissaria*★

Estas galerías, con techos de cedro e iluminadas por claraboyas que cuentan con pesadas puertas de madera, están entre las mejor conservadas del país. Los tejidos más maravillosos no acostumbran a estar expuestos, y todavía hoy a menudo los brocados suntuosos se mezclan con tejidos corrientes en las salas traseras.

### ⓫ Zoco Smata★★

Aquí fue donde se filmó la escena en la que Michèle Morgan y Pierre Brasseur escogen un par de babuchas en la película *Oasis*, de Yves Allégret. Es verdaderamente difícil elegir entre los innumerables modelos que se apilan en las tiendas que bordean el callejón. Sabed, en todo caso, que por un centenar de dírhams deberíais poder conseguir unas babuchas de buena calidad.

### ⓬ Cuero y más cuero★

Los objetos que se producen alrededor de la plaza Ben Youssef se venden principalmente en el zoco Cherratine, que se encuentra

a la derecha del zoco de las babuchas. Bolsos, bolsas y billeteros de todas las formas, tamaños y colores se apilan en esta gran arteria sombreada. Unos 200 Dh suelen ser suficientes para comprar una buena bolsa de cuero de unos 50 cm. Quienes busquéis monederos, portadocumentos y accesorios similares debéis dirigiros a la calle ancha del zoco el-Kbir.

### ⑬ Zoco Haddadine★★★

Guiados por el ensordecedor ruido que hacen los forjadores llegaréis a las estrechas callejuelas de los herreros. Poco frecuentado por los turistas, que difícilmente se aventuran a ir tan lejos, este inmenso depósito de artículos metálicos es uno de los lugares más insólitos de la ciudad. Entre auténticas esculturas de hierro soldado, un ejército de artesanos confecciona, a pleno sol, objetos útiles, como planchas, lámparas o teteras, al igual que multitud de extraños adornos.

### ⑭ Zoco del cobre★★

Auténtica cueva de Alí Babá en la que brillan miles de fuegos, el pequeño zoco del cobre, encajado entre el zoco Haddadine y el de las babuchas, es difícil de encontrar. Los latoneros martillean sin cesar las hojas del metal rojo o amarillo para confeccionar las bandejas, teteras, jarras o jofainas cinceladas con buriles o decoradas con punzones.

## ¿MEDICINAS DULCES O FILTROS MÁGICOS?

Cuerno de rinoceronte o mosca cantárida para la potencia sexual, piel de camaleón para restaurar la virginidad perdida, polvo de belladona para encantar los recuerdos, ámbar gris para perfumes irresistibles, coral molido para los problemas cardíacos, azafrán para combatir el reumatismo y facilitar la digestión, sen por sus propiedades laxantes, *lahchoub*, mezcla a base de curry contra la anemia… En pocas palabras, remedios para todos los males.

9

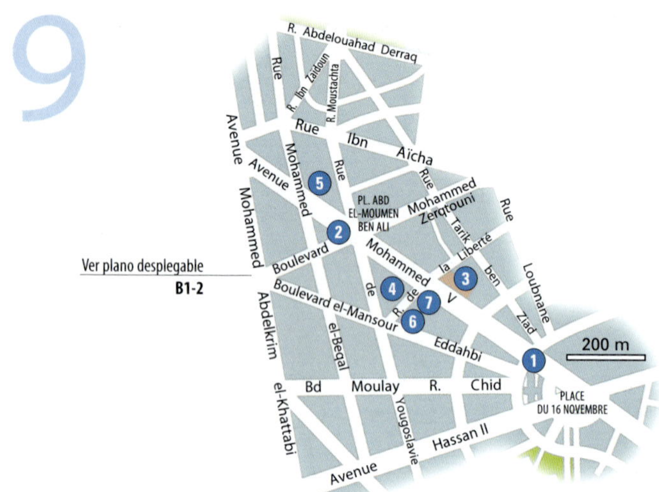


Ver plano desplegable
**B1-2**

# Barrio de Guéliz

Diseñada por el arquitecto Henri Prost a petición del general Lyautey, esta ciudad nueva, construida por el protectorado francés para albergar a las familias de los funcionarios y de los diplomáticos europeos, debe su nombre a la cantera cercana que proporcionó el gres con el que se construyó. Barrio residencial y de negocios, sus largas avenidas flanqueadas por naranjos y jacarandas hoy están totalmente bordeadas por inmuebles.

### ❶ Avenida Mohammed-V

Trazada siguiendo el eje de la Koutoubia, esta arteria de 3 km une la medina con la ciudad nueva. Oficinas bancarias, agencias de viajes, compañías aéreas, oficinas administrativas y tiendas modernas se concentran en ella. La oficina central de correos, buen ejemplo de arquitectura contemporánea, domina la avenida desde la plaza del 16-Novembre.

### ❷ Plaza Abd el Moumen ben Ali★

Los cafés que ocupan tres de sus cuatro esquinas por los que pasa diariamente una buena parte de los trabajadores del barrio le han valido el nombre de «plaza de los cafés». Desde la terraza alta del café de la Renaissance se tiene una vista panorámica que permite hacerse una idea de la disposición de la ciudad. El café de los Négociants, que está enfrente, es un buen lugar para desayunar.

### ❸ Les Secrets

**62, rue de la Liberté**
**☎ 024 43 48 48**
**Lun-sáb, 10-20.30 h.**

«Placer y tranquilidad» podría ser fácilmente el lema de este pequeño hammán en el que armonía rima con suavidad. Abierto en julio de 2005 por

Laurance, el establecimiento ofrece baños de vapor y exfoliación corporal (entre 180 y 280 Dh los dos), la envoltura en *ghassoul* al aceite de argán para una hidratación profunda, o a la *henna* al limón para conseguir un efecto autobronceado (240 Dh los 30 min), masajes variados (200 a 500 Dh) y también depilación, manicura y cuidados del rostro. Las reservas son obligatorias, ya que el hammán queda a vuestra entera disposición, cosa que permite en ocasiones ir en pareja.

## ❹ Intensité Nomade★★★

**139, av. Mohammed-V**
**☎ 024 43 13 33**
**Lun-sáb, 9-12.30 h**
**y 15.30-19.30 h (ver, 20 h);**
**cierra en ago.**

Probablemente la tienda de ropa más a la moda en Marrakech. Dando prioridad a los materiales naturales y a los tejidos a mano, Frédérique Birkemeyer diseña y realiza una variada línea de trajes para hombre y mujer. Merecen un vistazo especial sus largas túnicas de brillantes colores inspiradas en los caftanes y *gandouras* tradicionales. Los precios son algo elevados, pero la calidad es irreprochable.

## ❺ Al Jawda★★

**84, av. Mohammed-V**
**☎ 024 43 46 62**
**TLD, 7-22 h.**

Aunque este salón de té no tiene un aspecto excelente, no deja de ser una de las mejores pastelerías de la ciudad. En la terraza o en el salón climatizado podréis degustar un gran surtido de pastelitos marroquíes (probad los de dátiles y nueces cubiertos de almendra). En el nº 11 de la calle de la Liberté, la empresa ha reabierto las puertas de la pastelería antigua, para aquellos que no tienen tiempo de degustarla en el lugar.

## ❻ Le Kechmara

**1 bis-3, rue de la Liberté**
**☎ 024 42 25 32**

Resueltamente *fashion*, este restaurante, cuyo nombre significa Marrakech escrito en jerga, se ha convertido rápidamente en el lugar de encuentro de toda la juventud a la moda de la ciudad. Un ambiente animado y cordial, un servicio eficiente, la decoración años 1970 en la que predomina el blanco y una cocina internacional con tendencias mediterráneas a buen precio (menús entre 80 y 120 Dh) explican la afición de los vecinos por este local en el que también se puede ir a tomar una cerveza en el bar o en la terraza.

## ❼ L'ORIENTALISTE★★★

Es imposible no dejarse embrujar por esta tienda en la que cada objeto revela el buen gusto de su propietaria, que pone su orgullo en los productos fabricados por artesanos marroquíes. Esmaltes pintados al fuego sobre vidrio, frascos dorados con oro fino, aleaciones metálicas cinceladas o martilladas o cerámica. Los nostálgicos del pasado encontraréis aquí tejidos y grabados de los años 1920 a 1950, joyas, adornos y chucherías antiguas. Frasquitos muy elaborados contienen perfumes a base de esencias de Grasse. La variedad de precios la convierte en apta para todos los bolsillos.

**15, rue de la Liberté**
**☎ 024 43 40 74**
**Lun-sáb, 9-12.30 h y 15-19.30 h.**

10

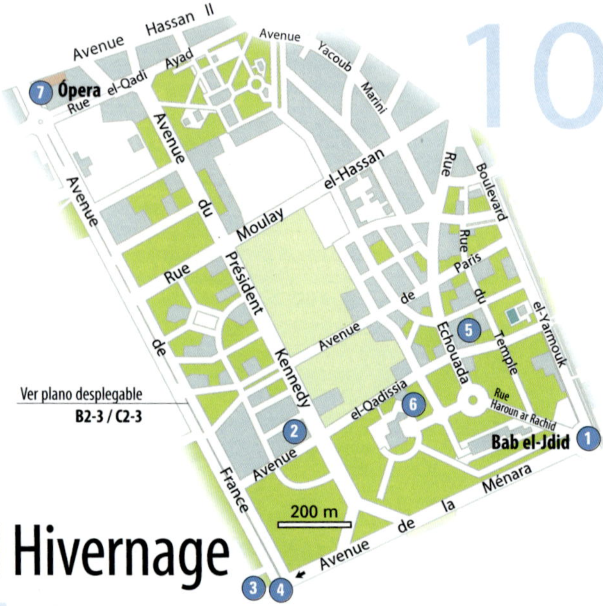


Ver plano desplegable
B2-3 / C2-3

# El Hivernage

**Conocido, como indica su nombre, por ser un lugar de residencia de invierno, este barrio de amplias avenidas bordeadas por naranjos y jacarandas ofrece la oportunidad de realizar un tranquilo paseo, lejos de la ruidosa ciudad. La abundancia de vegetación, los amplios espacios y su vocación de jardín han atraído a los grandes hoteles, que se han instalado sin afectar demasiado a su naturaleza.**

## ❶ Bab el-Jdid

Es una de las entradas más utilizadas de la medina, junto a Bab Doukkala. Las murallas almenadas mejor conservadas de la ciudad se extienden hacia el oeste desde la puerta, separando los jardines de la Mamounia, en su interior, del verde barrio del Hivernage en su exterior. Un inmenso olivar se despliega a lo largo de la avenida de la Menara hasta los jardines del mismo nombre.

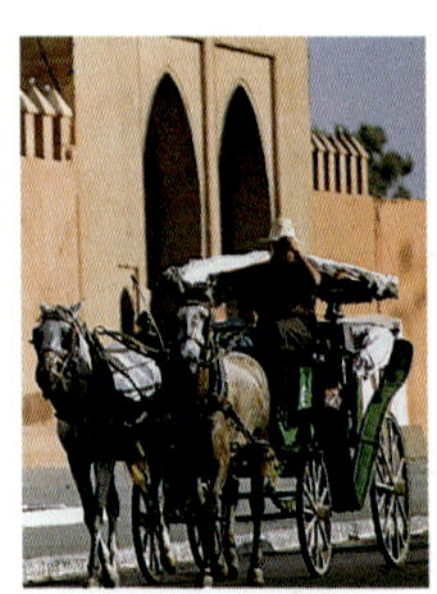

## ❷ Paseo en coche de caballos★★

Si no lo habéis hecho, ésta es la ocasión ideal. Los encontraréis estacionados a lo largo de la avenida Kennedy. Antes de dar un paseo por el

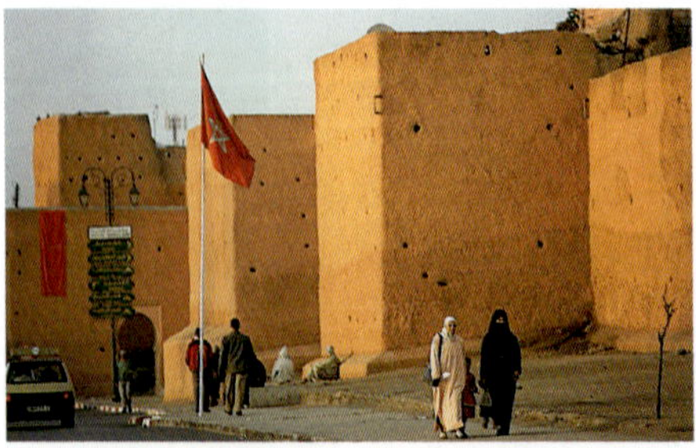

barrio, pedid a vuestro cochero que os conduzca a los jardines de la Menara. El atardecer es el mejor momento para esta romántica escapada, pero recordad que los jardines los cierran al anochecer.

### ❸ La Menara★★★

**TLD, de 8.30 h al anochecer. Entrada gratuita.**

En el centro de un jardín de 100 ha, el estanque de la Menara, probablemente excavado por los almohades en el s. XII como reserva de agua, es desde hace mucho tiempo el paseo favorito de los enamorados al caer la tarde. Transformado en 2003, el estanque está provisto de un escenario móvil rodeado de gradas. Se representa un espectáculo de «luz y sonido», de pago, todos los días, de martes a domingo, a las 21 h.

### ❹ Pabellón sobre el agua★★

**TLD, 8.30-11.45 h y 14.30-17.45 h. Entrada de pago.**

Lugar de encuentros galantes de los sultanes, el edificio es de origen saadí, aunque fue completamente transformado en 1866 durante el reinado de Sidi Mohamed ben Abdalá. Bajo su tejado piramidal cubierto con tejas verdes, una gran terraza con balaustrada domina el estanque. Numerosas leyendas circulan sobre ella. Se dice que Mulai Ismail tenía la costumbre de deshacerse de sus conquistas de una noche arrojándolas de madrugada a sus aguas.

### ❻ Hotel Es-Saadi

**Av. El Qadissia**
**☎ 024 44 88 11**
**❻ 024 44 76 44**

Concebido por el arquitecto Jean Duhon en la década de 1960, este lujoso hotel de 150 espaciosas habitaciones y 11 suites es el lugar perfecto para tomarse un aperitivo al finalizar la tarde, amenizado por un concierto de pájaros cantores. Mención especial merece su jardín de 5 ha. En el edificio tiene su sede el casino más antiguo de la ciudad: salas de máquinas, juegos de mesa (ruleta, black-jack, póquer…). Estos últimos empiezan a partir de las 20 h y terminan a las 4 h de la madrugada.

### ❼ Teatro Real

**En la esquina de la av. de France con la av. Hassan-II**
**☎ 024 43 15 16**

Obra del arquitecto Charles Boccara, inaugurado en 2001 y motivo de celebración en la ciudad, pues no tiene equivalente en todo Marruecos, este colosal edificio de ópera a la italiana no lleva a cabo las funciones para las que se construyó. Si vuestra visita no coincide con alguno de los escasos espectáculos que acoge, siempre podéis dar una vuelta por la tienda de artesanía que ocupa parte del vestíbulo.

### ❺ COMPTOIRS PARIS-MARRAKECH★★★

Como en el original de París, Marcel Chiche ha creado aquí un ambiente absolutamente contemporáneo que hará las delicias de los amantes de los lugares a la última. Restaurante, bar y salón de té, el local es, sobre todo, un lugar de encuentro en el que pasan cosas. *Tadllack* color berenjena, mosaicos verdes y enlosado de cemento son algunos de los materiales tradicionales empleados aquí con un espíritu moderno. La original cocina, en la que cocineros marroquíes preparan platos de gusto universal, está a la vista.

**Av. Echouada, ☎ 024 43 77 02**
**TLD, 16-1 h de la madrugada.**

**11**

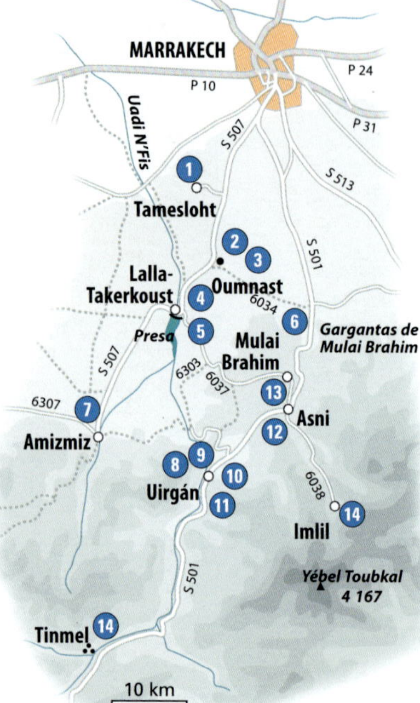



# La ruta de
## las kasbas

Las kasbas dominan, desde las colinas rocosas, poblaciones rojizas que destacan sobre las pendientes áridas o verdes de las montañas. Las siluetas de mujeres envueltas en largos pañuelos de colores vistosos y las cumbres nevadas del Toubkal esquematizan esta escapada, de resultados garantizados, de un centenar de kilómetros.

### ¿CÓMO IR?

Si disponéis de vehículo, esta excursión por tierras bereberes puede realizarse en una jornada, a condición de que no salgáis demasiado tarde. Si utilizáis el transporte público, debéis escoger entre la ruta de Amizmiz y la de Uirgán, pues los coches no realizan el enlace entre estas dos ciudades. Los que van en dirección a Uirgán (como mínimo, dos diarios, uno de ellos sobre las 8 y el otro sobre las 14 h) paran en Asni. Salen de la estación de autobuses de Marrakech, situada cerca de Bab Doukkala. Los que van a Amizmiz salen de Bab er-Robb (al lado de Bab Agnaou) y no tienen un horario concreto, es necesario informarse en la estación. Hacen una parada en la presa de Lalla Takerkoust. Para más comodidad, es posible alquilar un taxi grande (estacionan en Bab er-Robb), que os llevará a donde queráis.

### ❶ Tamesloht★

La kasba Chérif señala la bifurcación para el pueblo de Tamesloht, situado a 16 km de Marrakech. Es una propiedad privada abandonada que puede visitarse solicitándolo al guardia. Unos kilómetros más allá, otra kasba domina el pueblo, famoso por su cooperativa de alfareros (mercado los

viernes). Atestiguan su pasado religioso dos mausoleos erigidos por el chérif Abdalá ben Hossein el-Hassani, «el hombre de las 366 ciencias».

## ❷ Oumnast★★★

Esta magnífica kasba, restaurada recientemente, que ha servido como decorado a numerosas películas (*La última tentación de Cristo, Marrakech Express, El niño león…*), merece verdaderamente que os desviéis a la izquierda para tomar el camino que, tras 1 km, os conducirá hasta ella.

Un heredero de la familia propietaria os guiará por este laberinto de patios y bóvedas. El edificio se puede alquilar para fiestas privadas y en esas ocasiones se pueden utilizar aún los antiguos hornos para el pan. Desde la terraza hay una vista imponente del valle y de un magnífico *riad*.

## ❸ Tigmi★★★

**Douar Tagadert el Kadi; km 24 de la carretera de Amizmiz**
☎ **066 93 49 64 o 024 48 40 20**
**www.tigmi.com**

Desde el pueblo beréber de Tagadert parte un camino

hacia Tigmi, auténtico paraíso de tranquilidad escondido entre los repliegues del terreno. Hecha de adobe y de madera de palma, la casa es un laberinto de galerías y patios, de cámaras y terrazas inundadas de luz que dan paso a habitaciones cuya sobriedad se conjuga con el refinamiento. Una parada fuera del tiempo para recuperarse en una tumbona al lado de la piscina saboreando la deliciosa cocina marroquí.

## ❹ Presa de Lalla Takerkoust★

Inesperada en este paisaje árido, el agua embalsada extiende sus reflejos azulados a lo largo de 7 km. Lugar escogido por los habitantes de Marrakech para pasar un domingo fresco y por los amantes de los deportes náuticos. Se puede nadar, pero también alquilan planchas de vela, equipos para esquí acuático y canoas además de motos de enduro y quads (se reservan en los hoteles). Para una pausa al mediodía, el albergue Relais du Lac ofrece comidas a base de ensaladas del tiempo y tajines de verduras cocidas con leña y parrilladas variadas.

## ❻ Sobre las pistas del Trofeo Camel

Los amantes de las emociones fuertes podéis lanzaros a

## ❺ LA VILLA DEL LAGO★★

Con sus esmaltadas tejas azules, sus terrazas tapizadas de *bejmat*, sus mesas colocadas a la sombra de generosos parasoles, su pequeña piscina suspendida sobre las aguas centelleantes del lago, la Villa desprende el discreto encanto de las mansiones de antaño. Entre sus seis habitaciones de delicado confort, la «suite principal», con su chimenea rodeada de cojines, y la «Luna de miel», que tiene salida al jardín, son nuestras preferidas. En resumen, una parada con encanto que os dejará un buen recuerdo.

**Quartier Amzough el-Kabli Lalla Takerkoust**
☎ **024 48 49 56 o 061 24 99 00**
**www.villadulac-marrakech.com**

descubrir las numerosas pistas que recorren la región, en las que los competidores del Trofeo Camel vienen a menudo a entrenar. Aptas sólo para todoterrenos, permiten llegar a lugares casi vírgenes de una extraordinaria belleza. Tenemos especial cariño a la que recorre las gargantas de Mulai Brahim.

### ❼ Amizmiz

En los confines de la planicie de Haouz, a 1.000 m de altura, entre los olivos y dominado por una antigua kasba, surge este grupo de pueblos de 3.000 habitantes. A la entrada, en el pueblo de alfareros de Regragra se dedican a la cocción de platos, tajines, jarros, bandejas y otros útiles que pueden verse secándose al sol. La producción local se vende en el mercado semanal de los martes.

### ❽ En la ruta de Uirgán★★★

Pueblos de adobe perfectamente conservados se apoyan en los flancos de las montañas a lo largo de la ruta que, en tiempo de lluvia, se convierte en impracticable a partir del *uadi* (río) N'Fis. Un paisaje rudo y sobrecogedor. Encontraréis la carretera de Asni algunos kilómetros antes de Uirgán.

### ❾ La Bergerie★★★
☎ 024 48 57 16/17
www.labergerie-maroc.com

Señalizado en la carretera unos pocos kilómetros antes de Uirgán, este pequeño y encantador albergue, construido en piedra de la región en una finca de 5 ha, es ideal para disfrutar de una tranquilidad absoluta. Una quincena de habitaciones y suites con jardincillos privados se extienden en torno a un florido patio (de 980 a 1.370 Dh la habitación doble en media pensión). Piscina y alquiler de bicicletas de montaña. El establecimiento también tiene restaurante para

### ⑭ IR MÁS LEJOS★★★

Unos 20 km después de Asni y a unos 1.100 m de altitud se encuentra el encantador pueblo beréber de Imlil, que es el auténtico punto de partida de los excursionistas que suben el Toubkal. Los menos deportistas podéis consolaros respirando a fondo el aire puro de la región y degustando los tajines o el cuscús del Café du Soleil en su pequeña plaza sombreada. Un poco más lejos, siguiendo el curso del *uadi* N'Fis, después de Uirgán, la carretera llega hasta el pueblecito aislado de Tinmel. Si os tomáis el tiempo de llegar a él, no os arrepentiréis. En este lugar histórico, hogar espiritual de Ibn Toumert, fundador de la dinastía almohade, se alza la mezquita recién restaurada de Tinmel, que data del s. XII y que está abierta a los no musulmanes.

### ⑫ Asni

Edificada al pie del monte Toubkal (pico más alto del norte de África, con 4.167 m), la ciudad de Asni está situada a 1.200 m de altitud. El mercado de los sábados constituye su principal atracción. Los campesinos de los alrededores vienen a vender o a intercambiar cacharros y toda clase de adornos para turistas. El mercado más animado es el que se celebra los martes en Tanaout, unos 20 km más abajo, en la carretera hacia Marrakech.

### ⑬ Mulai Brahim★★

Un camino de apenas 5 km a la salida de Asni conduce hasta las tortuosas calles de este pueblecito invadidas por los vendedores de recuerdos. Es un importante lugar de peregrinación muy frecuentado por mujeres estériles que cuelgan pequeñas cintas de los árboles y esperan convertirse en madres cuando se caigan. El pueblo también es conocido por su *moussem*, que se celebra anualmente unos diez días antes de la fiesta de Mouloud.

los visitantes de paso. Uno de nuestros preferidos.

### ⑩ La Roseraie★★★

**En Uirgán**
☎ 024 43 91 28
o 024 43 91 29
www.laroseraiehotel.com

En un segmento de precios más alto (calculad unos 2.200 Dh la noche para dos personas en media pensión), este encantador hotel, incrustado en el corazón de un inmenso jardín de flores, dispone de 45 bonitas habitaciones equipadas a todo confort.

Piscina (desafortunadamente no climatizada, y está muy fría en invierno), pistas de tenis y gimnasio.

### ⑪ Le Sanglier qui Fume★★

☎ 024 48 57 07

A la entrada de Uirgán, en un antiguo pabellón de caza, 25 habitaciones de un confort medio y a precios muy razonables (610 Dh en media pensión para dos personas). Un buen lugar para comer en una terraza protegida del sol.

Ver plano desplegable
**al reverso**

# Esauira

**Edificada frente al océano, la antigua Mogador, que cuenta con 75.000 habitantes, es a la vez un puerto de pescadores, un activo centro artesanal y un lugar de vacaciones elegido por los amantes de los deportes náuticos. Sus murallas, sus estrechas callejuelas y sus casas encaladas con puertas y ventanas pintadas de azul le confieren un encanto especial que no tiene parangón en toda la región.**

### ❶ Pasando por Chichaua

Famosa hasta el s. XVIII por la destilación y exportación de licor de caña de azúcar, la ciudad de Chichaua (a 70 km de Marrakech) se ha especializado desde hace tiempo en la comercialización de las alfombras fabricadas en los pueblos de los alrededores. Sobre fondos que van del rojo granate al rosado viejo, estas alfombras tradicionales que ostentan una decoración que representa animales, objetos cotidianos e incluso siluetas humanas, van perdiendo poco a poco sus características. Unos 10 km después de Chichaua, en la carretera de Esauira, en Sidi Mokhtar, una cooperativa de mujeres se ha especializado en la confección de alfombras. Una buena ocasión para verlas trabajar.

## ❷ El puerto★

Un paseo cargado de colores y olores… que hay que realizar preferentemente por la mañana para asistir al regreso de los barcos y a la subasta. Tampoco puede faltar el espectáculo de los carpinteros de ribera, que construyen las traineras con métodos tradicionales. Se pueden degustar en el lugar, sentados en mesas comunes, sardinas, doradas, cigalas y otros pescados y mariscos a la plancha.

## ❸ Murallas sobre el mar★★

Decorado natural del *Otelo* de Orson Welles, la Skala del puerto (entrada de pago) y la Skala de la kasba (entrada gratuita) confieren a la ciudad un cierto aire de lugar perdido en el tiempo. Las murallas almenadas dominan, por una parte, el océano y las islas Purpurairas, desde hace tiempo convertidas en reserva para halcones, y por otra, el puerto y la ciudad. Los grandes cañones de bronce del s. XVII son de origen español.

## ❹ Plaza Moulay el-Hassan★★

Pulmón de la ciudad y privilegiado lugar de encuentro, esta plaza está más animada por la mañana. Invadida por las terrazas de los cafés, es un lugar ideal para hacer una pausa refrescante a cualquier hora del día.

## ❺ Chez Driss★★

10, rue El-Hajjaji,
en la esquina de la plaza
Moulay el-Hassan
TLD, 7-22 h.

Este café es uno de los más veteranos de Esauira. En sus dos salones o en el pequeño patio embaldosado en mayólica de principios del s. XX podéis saborear sus excelentes desayunos. Sus pastelillos y otros dulces son del día y de una calidad irreprochable; los mejores de la ciudad.

## ❻ El museo★

Rue Derb Laalouj,
frente a las murallas
8.30-18.30; cierra mar.
Entrada de pago.

Situado en una mansión del s. XIX recientemente restaurada, este pequeño museo agrupa una colección de obras de artesanía local como alfombras y telas de la región de Chichaua, muebles de tuya, armas, joyas, vestidos tradicionales y, sobre todo, una bella colección de instrumentos musicales.

### ESAUIRA, UNA HISTORIA ANIMADA

Lugar frecuentado en la Antigüedad por fenicios y cartagineses, la ciudad se hizo famosa en época romana por su producción de púrpura. Conquistada en el s. XV por los portugueses, es a ellos a quienes debe sus primeras murallas, pero pasó a ser parte del reino del sultán Ahmed el Dorado tras su victoria en la batalla de los Tres Reyes. En el s. XVIII, el arquitecto francés Théodore Cornut, prisionero del sultán, compró su libertad con los planos de una ciudad nueva. A él se deben las murallas erizadas de cañones que dominan el mar.

### ❼ Los mercados★★

Están agrupados a los dos lados de la avenida Mohammed Zerktouni; a la izquierda, el zoco del pescado (abierto todas las mañanas) y de las especias, en el que las mujeres, cubiertas y sentadas sobre pequeños taburetes de asiento de paja, cardan lana virgen de oveja. A la derecha, el zoco del grano, en el que casi todos los días sobre las 17 h tiene lugar una subasta.

### ❽ Avenida del Istiqlal★

Rodeada de arcadas de piedra, esta calle es la principal arteria



En menos de 2 h se recorre la distancia entre las dos ciudades. Quienes no dispongáis de coche dirigíos a la estación de autobuses de las cercanías de Bab Doukkala y al mostrador de la CTM (☎ 024 44 83 28), que garantiza un viaje de ida y vuelta diario (2,30 h) en verano, o a alguna de las otras numerosas empresas que funcionan el resto del año (3,30 h) con vehículos no muy modernos.

comercial de la ciudad. Aquí vienen los ciudadanos a hacer sus compras. Al final de la mañana la invade una pequeña horda de porteadores de carros de mano que la recorren al grito de *¡balek!, ¡balek!* (¡estación!, ¡estación!), llenándola de colorido.

### ❾ Callejuelas de la medina★★★

Dejad que os guíe el azar. La avenida Mohammed ben Abdalá y las calles Derb

Laalouj y el-Attarine son las arterias principales de este laberinto lleno de puestos de artesanía. La medina no es muy grande y enseguida encontraréis vuestro camino.

### ❿ Trabajos en madera★★★

La tuya, un árbol de la familia del enebro y el ciprés, surte de madera a los numerosos ebanistas de la ciudad. Una importante producción de muebles, cajas, cofres, ensaladeras, tableros de ajedrez y toda clase de adornos llenan las tiendas de la medina. Reputados maestros en el arte de la marquetería, los artesanos utilizan también la madera de limonero, cedro y, a veces, ébano. Al comprar no olvidéis revisar la calidad de los acabados, los cierres y las juntas.

### ⓫ Aceite de argán

Especie endémica de Marruecos, este arbusto espinoso es muy abundante en las regiones áridas de Esauira y Agadir. De su fruto, semejante a una aceituna, se extrae un aceite anaranjado y perfumado que se utiliza para sazonar ensaladas. Su elevado precio se justifica

por la enorme cantidad de frutos necesarios para producir un litro.

## ⓬ Festival gnaua★★★

Este festival, que se celebra anualmente a principios de junio, reúne a las diversas congregaciones gnauas. Durante varios días, toda la ciudad vive al ritmo de los conciertos al aire libre, a los que asiste una multitud venida de todas partes. La creciente fama del festival atrae cada año a renombrados músicos estadounidenses y europeos que vienen a mezclar sus melodías con las de los músicos gnauas.

## ⓭ Pintores de Esauira

Encrucijada cultural entre África y Europa desde la Antigüedad, Esauira acoge, entre los muros de la medina y en las fincas de sus alrededores, artistas autodidactas, surgidos espontáneamente, que contribuyen a su riqueza.

Muchos, bajo la protección de Frédéric Damgaart, historiador del arte y galerista danés que abrió el primer local para exposiciones de la ciudad en 1988, han conseguido el reconocimiento y exponen habitualmente tanto en Marruecos como en Europa. Entre ellos, Mohamed Tabal, Abdelmelik Berhis, Ali Maimoune y muchos otros.

### ¡VIENTO, MÁS VIENTO Y SIEMPRE VIENTO!

No cabe duda de que Eolo en persona habita las costas de Esauira. Batido por el viento 364 días al año, como se complacen en decir sus habitantes, el litoral es un atractivo lugar para practicar deportes náuticos, y de forma natural se ha convertido en el lugar de encuentro para los practicantes de *windsurf* de todo el mundo y para los amantes de las emociones fuertes. A lo largo de la playa, numerosos clubes ofrecen cursos de *kite-surf,* vela o esquí acuático, o simplemente el alquiler del material para los ya iniciados.

# Jardín Majorelle

**Testigo vivo del amor que tanto la botánica como la particular luz de Marrakech despertaban en el pintor francés cuyo apellido le da nombre, este jardín, creado en la década de 1920 por él, conserva aún todo su encanto y su magia.**

### El hombre

Jacques Majorelle, invitado por el general Lyautey, fue a Marrakech a pasar la convalecencia de una enfermedad en 1917, pero seducido por el encanto de la ciudad roja se quedó en ella hasta su fallecimiento en 1962. El pintor encontró en Marruecos una fuente inagotable de inspiración. Paisajes, kasbas y escenas cotidianas fueron temas de numerosos grabados y acuarelas, muchos de los cuales aún cuelgan en las paredes del consulado francés y de la Mamounia.

### Nacimiento del jardín

En 1922, tras vivir en la medina durante algunos años, el pintor decidió instalar su estudio en Guéliz. Gran amante de la botánica, plantó una gran variedad de semillas raras de diferentes procedencias y él mismo diseñó la disposición del jardín. Buganvillas, bananeros, palmeras, bambús gigantes, yucas, naranjos, filodendros y otras muchas especies rodean la casa en la que el azul elegido por el pintor también ha alcanzado la fama.

### Una segunda vida

Rescatado por Yves Saint Laurent y Pierre Bergé, el jardín, abandonado durante mucho tiempo tras la muerte del pintor, ha vuelto a su plenitud. El estudio, transformado en pequeño museo por los nuevos propietarios, acoge algunas bellas antigüedades marroquíes y numerosas acuarelas de Majorelle.

# Palacio de la Bahia

**El gran visir Sidi Moussa inició su construcción a finales del siglo XIX y lleva el nombre de su favorita (la Bella, la Brillante). Fue completado por su hijo Ba Ahmed, que también fue gran visir de los sultanes Mulai el-Hassan y Mulai Abd el-Aziz, y está entre los mejor conservados de la ciudad.**

### Arquitectura caótica

La construcción del palacio, lejos de seguir un plan predeterminado, fue adaptándose a la compra sucesiva de las casas que lo rodeaban. El resultado es un laberinto de corredores, escaleras y jardines y una desordenada sucesión de apartamentos construidos en un área total de 8 ha. El hecho de que las 150 habitaciones estuvieran dispuestas en la planta, con la excepción del *minzzeb*, apartamento amueblado en el 1$^{er}$ piso, y que no se puede visitar, se debe a la obesidad invalidante del amo del palacio.

### El encanto del lujo y la intimidad

Lo más importante de la visita son los apartamentos de la favorita y de las cuatro esposas legítimas; los patios con flores reservados a las esposas y las 24 concubinas; la sala del Consejo, alicatada con porcelana de Tetuán y cubierta con un suntuoso techo de cedro pintado; el patio de armas, enlosado con mármol y rodeado con una galería de columnas pintadas. El encanto y el lujo del palacio sedujeron al general Lyautey, quien, durante el protectorado, estableció allí su residencia.

## DATOS

Se accede por la calle Riad ez Zitoun el-Jdid, frente al zoco de los joyeros, al lado del restaurante Bahia. La entrada está situada al final de una alameda bordeada por naranjos agrios (ver pág. 46).
**TLD, 8.30-11.45 h y 14-17.45 h (inv), y 8.30-13 h y 16-19 h (ver); vier, 8.45-11.30 h y 15-17.45 h. Posibilidad de visitas guiadas. Entrada de pago.**

# Dar Si Saïd

**Contemporánea del palacio de la Bahia, la morada de Si Saïd, hermano del gran visir Ba Ahmed, fue transformada en museo en 1932. Acoge una colección de arte de la ciudad y del sur de Marruecos. Rodeada por altos muros, la mansión de dos pisos contiene muchas habitaciones, corredores, escaleras y patios.**

### Nobleza de la madera

A lo largo del corredor de entrada se exponen las antiguas puertas de madera de cedro o de nogal, traídas de pueblos y kasbas del sur. En su prolongación, una habitación pequeña muestra canastillas de columpios.

### Objetos variados

En torno al patio en el que pían los pájaros, se abren cuatro salas que contienen trajes de ceremonia, ropajes, cinturones de matrimonio, aderezos bereberes, collares, diademas, pendientes, fíbulas, objetos de cobre rojo y amarillo, cerámica y armas tradicionales.

### Los pisos

Los apartamentos del dueño, decorados en estilo hispano-árabe, están en el 1er piso. Las dos hornacinas de madera encajadas en la habitación principal era donde se colocaba a los músicos. Desde el 2º piso, la vista alcanza a una buena parte de la medina y en primer plano el palacio de Si Madani, hermano del pachá de Marrakech, el célebre Glaoui.

### Las alfombras

La colección de alfombras rurales originarias de toda la región y de alfombras bereberes del Alto Atlas se expone en las paredes del museo. Tejidas o anudadas, con decoraciones geométricas en las más antiguas y figurativas en las más modernas.

### DATOS

Al salir del palacio de la Bahia, subid por la calle Riad ez Zitoun el-Jdid hasta una placita que sirve como aparcamiento. Tomad la calle de la derecha que tiene una bóveda, y luego, la primera callejuela de la izquierda (ver pág. 46).

**TLD, excepto mar, 9-12 h (vier, 11.30 h) y 15-18 h. Posibilidad de visitas guiadas. Entrada de pago.**

# Bab Agnaou

**Esta formidable puerta de piedra esculpida en el gres gris azulado de Guéliz que la arena ha teñido de ocre rojizo es una obra maestra del arte almohade, y fue durante mucho tiempo la principal puerta de acceso de la kasba real a la que Yacub al-Mansur accedía regularmente. Su imponente aspecto desprende una impresión de fuerza e inspira temor y respeto a los viajeros.**

### Puerta disuasoria

Antaño estaba flanqueada por dos torres que acogían el cuerpo de guardia. Su desaparición le ha valido el nombre de «puerta del carnero sin cuernos». Su vocación defensiva en realidad era sólo aparente, la auténtica defensa de la kasba se realizaba desde la vecina puerta de Bab er-Robb, dotada de tres recodos consecutivos.

### Horcas y patíbulos

Como la plaza Jemaa el-Fna, Bab Agnaou servía de patíbulo. Numerosos textos y relatos antiguos cuentan que allí se exponían, como escarmiento, los cuerpos y cabezas de los ajusticiados.

### El papel decorativo

Más ancha que alta, la puerta es un muestrario de superposición de arcos, todos diferentes. De medio punto con dovelas almohadilladas, otro realzado con adornos entrelazados grabados en la piedra y un arco quebrado muy sobrio se superponen elegantemente. Observad con atención la riqueza de la ornamentación floral de los rincones y el friso con caligrafía que enmarca la puerta.

### DATOS

Situada en las murallas, a la entrada de la kasba, está después de Bab el-Jdid en dirección sur y antes de Bab er-Robb (ver pág. 48).

# Palacio El-Badi

**En 1578, algunos meses después de su victoria en la batalla de los Tres Reyes, el saadí Ahmed al-Mansur emprendió la construcción de un palacio que debería sobrepasar en tamaño y lujo a cualquiera que hubiesen edificado las dinastías precedentes.**

### El Incomparable

Llamado con uno de los 99 nombres de Dios, este palacio, destinado a los grandes festejos, contaba con algo más de 360 habitaciones, ordenadas en torno a un inmenso patio en el que reina un estanque de 90 m de largo y 20 de ancho. Una veintena de cúpulas que rivalizaban en tamaño y riqueza ornamental dominaban los jardines. La fuerte influencia andalusí permite suponer la presencia de un arquitecto llegado de Granada.

### Un trabajo de orfebrería

Un ejército de artesanos venidos de todo el país, e incluso de Europa, trabajaron día y noche por el peso en oro que, según la leyenda, equivalía a las partículas de madera, yeso o bronce que cayeran de sus herramientas. Materiales nobles importados de España, Francia, Italia e incluso de las Indias se emplearon en su construcción. El mármol de Carrara fue comprado pagando su peso en azúcar.

### Fatal destino

Cumpliendo la sombría predicción del bufón de al-Mansur, según la cual el palacio «será un montón de piedras cuando sea destruido», los sultanes alauitas lo redujeron a ruinas. Mulai Ismail terminó su demolición diez años después de haber empezado a recuperar los materiales nobles para embellecer su palacio de Mequínez. Además de sus altos muros exteriores y del gran patio con el estanque, hoy sólo quedan las ruinas de un pabellón en el que se expone un *minbar* del s. XII en madera de cedro con incrustaciones de marfil.

### Ocupantes sorprendentes

Cada año, tras el periodo migratorio, centenares de cigüeñas se instalan en el palacio El-Badi para anidar. Vale la pena que levantéis la vista para ver esas majestuosas aves y sus enormes nidos.

**DATOS**

A partir de la plaza de los latoneros, pasad Bab Berrima y encontraréis la puerta entre sus altas murallas (ver pág. 48).
**TLD, 8.30-11.45 h y 14.30-17.45 h. Entrada de pago.**

# Tumbas saadíes

**Construidas por Ahmed el Dorado en el emplazamiento de la *kuba* que ya acogía las tumbas de su padre, Mulai Abdalá, y de su abuelo, el fundador de la dinastía, así como los despojos del sultán mariní Abu el-Hassan, las tumbas saadíes son el último testimonio de la grandeza de aquella dinastía.**

Doce columnas de mármol de Carrara sostienen la cúpula de madera de cedro tallada con relieves de hojas cubiertas de oro.

### Sala de los tres nichos

Dos puertas laterales de la sala de las doce columnas permiten acceder a esta sala dedicada a acoger las tumbas de los niños.

### Mausoleo de Lalla Messaouda

Adosado al muro de la mezquita, en el centro del jardín que acoge las tumbas dispersas de numerosas esposas legítimas de los sultanes, el mausoleo contiene la tumba de la muy venerada madre de Ahmed el Dorado.

### Lugar sagrado

Cuando en 1654 el sultán alauita Mulai Ismail ordenó la demolición de todos los palacios y edificios que recordasen la grandeza de los saadíes, hizo una excepción con las tumbas y se limitó a tapiar su entrada. Así estuvieron hasta 1917, cuando se hizo pública su existencia.

### Sala del *mirhab*

Dividida en tres naves y tres bovedillas con cuatro columnas de mármol blanco, esta primera sala estaba destinada a la plegaria y el recogimiento.

El *mirhab*, nicho de piedra adornado con estalactitas de estuco, está orientado hacia La Meca. Una veintena de sultanes alauitas y algunos de sus familiares también fueron inhumados aquí, pero la mayoría de sus tumbas sólo están indicadas por una simple baldosa de porcelana.

### Sala de las doce columnas

De planta cuadrada con 10 m de lado, contiene en el centro las tumbas, relativamente modestas, del sultán Ahmed el Dorado y de algunos de sus descendientes.

## DATOS

Situadas en el recinto de la mezquita al-Mansur, a la entrada de la kasba por la puerta Bab Agnaou, se accede a ellas por una puerta escondida en el fondo de un minúsculo callejón que bordea el muro exterior de la mezquita (ver pág. 48).
**TLD, excepto mar, 8.30-11.45 h y 14.30-17.45 h. Entrada de pago.**

# Madraza Ben Yusef

**Las madrazas, palabra derivada del verbo árabe *darassa*, que significa enseñar, nacieron en Oriente en el siglo XI y se propagaron poco a poco por todo el mundo árabe hasta que aparecieron en el Magreb en el siglo XIII. Instituciones dedicadas al principio exclusivamente a la enseñanza de las ciencias religiosas *(ilm)*, acabaron también difundiendo ciencias de la cultura profana *(adab)* como filosofía, geografía, medicina, matemáticas o astronomía.**

### Fama inigualable
En el mismo lugar que ocupaba una madraza construida por los mariníes, el sultán saadí Abdalá el-Ghalib-Billah mandó construir, en el s. XVI, la de Ben Yusef, que en poco tiempo se convirtió en una escuela coránica de primer orden y cuya fama traspasó pronto las fronteras. Los estudiantes acogidos llegaban de todas partes. La madraza podía alojar hasta 900.

### Arquitectura original
Rompiendo con la tradición de cuatro *iwan* (aulas de patio) y de un *haram* (aula de piedra), la madraza Ben Yusef tiene un aula única, consagrada a la vez a la oración y a la enseñanza. Las líneas rectas de su arquitectura, que se enriquecen con una gran profusión decorativa en la que se mezclan armoniosamente la madera de cedro, el estuco, el mármol y los mosaicos, corresponden perfectamente al ideal estético de los saadíes.

### El santuario
En el patio central hay un sobrio estanque rectangular para las abluciones, recubierto de mármol blanco. Frente a la entrada, un suntuoso portal muy trabajado da acceso a la sala de oración octogonal, con techo de cedro tallado y pintado. Por todas partes, en madera, estuco o exquisita mayólica hay inscripciones de versículos coránicos, inscripciones devotas y ditirambos a la gloria del soberano fundador o al de turno.

## DATOS
Cerca de la mezquita Ben Yusef, en la salida norte de los zocos (ver pág. 50).
**TLD, 9-18 h (ver, 19 h); cierra durante las fiestas religiosas.
Entrada de pago.**

# *Kuba* Ba'Adiyn

Anexa a la primera mezquita Ben Yusef, la *kuba* Ba'Adiyn, que data del siglo XII, es el único vestigio del arte almorávide que queda en la ciudad. Restaurada en 1948, su ubicación en una hondonada atestigua el considerable elevamiento del nivel del suelo desde que fue construida.

## Arte del detalle

Una plataforma a media altura, construida alrededor del edificio, permite su observación detallada. Restaurada recientemente por segunda vez tras su descubrimiento, la *kuba*, de planta rectangular, presenta cinco aberturas en su lado largo, que alternan arcos de herradura con arcos lobulados, mientras que el ancho tiene tres aberturas con arcos lobulados. La cúpula, decorada con cabríos y arcadas entrelazadas unidos entre sí por una estrella de siete puntas, es una muestra del gusto por el adorno que no ha disminuido a lo largo de los siglos.

## Lugar de culto

Único vestigio importante que sobrevive de la primera mezquita Ben Yusef, el papel de la *kuba* como santuario dedicado a la plegaria y el recogimiento es evidente. La cúpula cubre un gran estanque del que mana una fuente. Los fieles, después de proceder a las abluciones de rigor, se retiran a las pequeñas celdas dispuestas a su alrededor para dedicarse a sus plegarias.

## DATOS

Frente a la mezquita Ben Yusef, la *kuba* Ba'Adiyn se alza en una hondonada al otro lado de la explanada (ver pág. 51).
**TLD, 9-18 h (ver, 19 h).**
**Entrada de pago.**

# Museo de Marrakech

**En plena medina histórica, la Fundación Omar ben Jelloun, deseosa de dotar a la ciudad de un nuevo museo, emprendió la restauración del palacio Mnebhi para exponer una bella colección de arte árabe musulmán, pero también con la intención de crear un espacio cultural que acogiera exposiciones temporales de artistas contemporáneos.**

## Palacio Mnebhi

Este gran edificio de una sola planta y más de 2.100 m² que data del s. XIX fue propiedad de Mulai Medhi Abdalá, ministro de guerra del sultán Mulai Hassan. Construida según los principios tradicionales, la mansión rodea un gran patio de 700 m² en el que mana una fuente.

## Fachada austera

Mansión encajada entre muros que no se distinguen de los de las casas vecinas, parece enteramente replegada sobre sí misma y no deja adivinar su riqueza interior. Las ventanas se abren sobre el patio interior y están provistas de celosías.

## La colección

Voluntariamente ecléctica, la colección recoge piezas de artesanía de épocas y lugares diferentes: trajes de ceremonia, accesorios y joyas en oro, plata y pedrería; gran variedad de armas cinceladas (fusiles, puñales y sables), manuscritos del s. XIX, coranes y libros de oraciones ilustrados, pero también monedas almorávides y almohades en oro, plata y bronce, con los nombres de los soberanos, y, finalmente, cerámica del s. XVIII y grabados antiguos.

# La Koutoubia

**Auténtico emblema de Marrakech, la Koutoubia domina la ciudad desde su minarete. Obra maestra del arte hispano-árabe restaurada a finales de la década de 1990, cuenta con 17 naves que ocupan sus 90 m de largo y 60 de ancho, que la sitúan entre las mezquitas más grandes del Magreb.**

### Construcción fallida

Deseoso de dotar a su nueva capital con un importante símbolo religioso, el sultán almohade Abd el-Moumen emprendió en 1147 la construcción de la Koutoubia. Fue erigida en el emplazamiento exacto del Ksar el-Hajjar, el palacio de piedra del almorávide Abu Bakr. Terminada en 1157, se descubrió que estaba mal orientada respecto a La Meca y se procedió inmediatamente a construir una nueva mezquita. Los dos edificios cohabitaron seguramente durante un tiempo antes de que el construido en primer lugar fuera demolido, salvándose únicamente el minarete. Todavía hoy pueden verse sus cimientos.

### El minarete

Perfecto representante del arte almohade que da prioridad a la sencillez de líneas, el minarete proporciona a primera vista una sensación de austeridad. Sin embargo, el trabajo ornamental, con motivos geométricos y florales, es de una gran delicadeza y totalmente diferente en cada una de sus cuatro caras. De planta cuadrada, con 13 m de lado, está construido con gres pizarroso, y lo culmina un alminar de 16 m cubierto por una cúpula acabada en una aguja con cuatro bolas doradas de tamaño decreciente. La leyenda dice que, como las de la mezquita de la kasba, habían sido fundidas con el oro de las joyas de una esposa infiel.

### DATOS

Es imposible no localizar la Koutoubia, pues su minarete sirve de eje a la avenida Mohammed-V y es una referencia visual desde cualquier lugar de la ciudad. La visita a su interior sólo se permite a los musulmanes, y los demás deberéis conformaros con admirar su exterior. No tengáis reparo en visitarla por la noche, cuando brilla con todo su esplendor (ver pág. 54).

# La estancia: **datos útiles**

**La capacidad hotelera de Marrakech, aunque ha aumentado considerablemente en los últimos años, es insuficiente en ciertos periodos del año. Por esta razón os aconsejamos encarecidamente que reservéis habitación antes de partir, especialmente en época de vacaciones escolares y en periodos festivos.**

## Elección de un hotel

Independientemente de las tarifas y de las estrellas asignadas, existen varias clases de alojamiento en Marrakech. Los que se podrían denominar «clásicos», que pueden tener numerosas habitaciones y que la mayoría de las veces pertenecen a grandes cadenas hoteleras, que garantizan sus niveles de calidad pero excluyen la originalidad y el encanto locales. Casi todos ellos están situados en la ciudad nueva. Los hoteles club, con infraestructuras para ocupar el tiempo libre que generalmente ofrecen estancias en media pensión o en pensión completa, son muy interesantes para los amantes del deporte y para familias con niños pequeños. Estos dos grupos son los que generalmente ofrecen los turoperadores. Para disfrutar del verdadero ambiente de la ciudad os aconsejamos optar por los establecimientos más pequeños (unas diez habitaciones) de la medina. Este tipo de hotel, que se ha multiplicado de manera impresionante en los últimos años, es una seductora alternativa. Instalados en *riads*, las casas tradicionales en las que las habitaciones dan a un patio arbolado, garantizan una estancia más en armonía con la manera de vivir marroquí.

## Clasificación y criterios

Aunque la clasificación habitual por estrellas haya sido revisada recientemente por el Ministerio de Turismo, sigue siendo poco realista y con diferencias muy importantes en establecimientos del mismo rango. Los hoteles aquí recogidos están divididos en tres categorías. Los de la primera incluyen elementos de confort como teléfono, TV por satélite, cuarto de baño, minibar y servicio de habitaciones. El equipamiento de los de la segunda categoría varía según el establecimiento, pero la comodidad de las habitaciones y los cuartos de baño es impecable. Los de la última tienen una calidad más básica.

Las tarifas por una habitación doble con desayuno fluctúan así:

★★★★★: de 150 a 300 €.
★★★★: de 100 a 150 €.
★★★: de 50 a 100 €.

## Restaurantes

En Marrakech, la variedad en la calidad y el precio de los restaurantes es muy amplia. Una comida completa puede costar entre 45 y 600 Dh (entre 4 y 58 €), según la opción que se elija. Lo mejor, seguramente, es probar un poco de todo. Los restaurantes sin pretensiones de la medina ofrecen deliciosos tajines cocinados de forma tradicional que sería una lástima que no probarais.

Los que debéis evitar son los de los hoteles, puesto que la mayoría de las veces son caros y decepcionan.

## Comidas de reyes

La mayor parte de los restaurantes marroquíes de categoría responden a este concepto. Garantizan la máxima calidad de la materia prima, pero requieren un gran apetito. Una comida típica comienza inevitablemente con un surtido de ensaladas todas ellas exquisitas, seguidas de un tajín más o menos original, según el local, y terminan con el cuscús, pero hay que dejar sitio para el postre, que suele consistir en una ensalada de naranja con canela y hojas de *pastilla* azucaradas. En resumen, una cena (estos restaurantes suelen estar cerrados a mediodía) que no se puede tomar todos los días.

## Alcohol ¿sí o no?

No todos los restaurantes tienen licencia para servir



alcohol, por lo que deberéis informaros antes. Por regla general, los elegantes suelen tenerla, y los más populares así como los puestos callejeros carecen de ella.

## Tasas y propinas

Cada establecimiento es libre de elegir su sistema. Debéis fijaros porque algunos incluyen un 20 % de impuestos sobre los precios señalados en la carta. Otros añaden el 10 % por el servicio, lo que aumenta considerablemente el total. A pesar de ello, la práctica habitual es dar propina. Queda a vuestro albedrío la cantidad, en función del porcentaje por servicio que os hayan incluido en la cuenta.

# Hoteles

1 - *Riad Medhi*
2 - *Dar Ghizlane*
3 - *Les Yeux Bleus*
4 - *Le Caravan Serai*

La terraza que domina los tejados de la medina, o el hammán tradicional en el que la bóveda deja entrar rayos de luz multicolor, son poderosas invitaciones a la molicie.

## El Hivernage

### Dar Ghizlane
★★★★★

Rue Jnane el-Harti (B3)
☎ 024 42 13 03
🖷 024 44 79 00

Escondida en el centro de un jardín con árboles exóticos, esta villa, que es casi un palacete urbano, constituye una seductora alternativa a los *riads* situados en la medina y a los grandes hoteles de este barrio. Las 19 habitaciones y suites con ladrillos ocre en las paredes y mosaico en el suelo son islas de paz donde descubrir el placer de vivir en Marrakech.

## Medina

### Les Yeux Bleus ★★★★★

7, Derb Ferrane (C2)
Bab Doukkala
☎ / 🖷 024 37 81 61
☎ 061 42 26 82

Este auténtico *riad* restaurado con respeto por la arquitectura tradicional y decorado con muy buen gusto se esconde tras sus altos muros. Sus ocho habitaciones, en las que al refinamiento sólo lo iguala su sencillez, se distribuyen en torno a la pequeña piscina bordeada con naranjos, palmeras y bambús.

### Villa Les Orangers ★★★★★

6, rue Sidi Mimoun (D3)
☎ 024 38 46 38
🖷 024 38 51 23

Se puede llegar en coche a este suntuoso *riad*, con arcos de yeso cincelados en las habitaciones, que ofrece todas las comodidades. Las terrazas privadas de las suites dan a la piscina situada bajo el tejado. Si os impresiona la altura, podéis optar por la terraza que recientemente han construido en el jardín.

## La Maison Arabe★★★★★

1, Derb Assehbe (C2)
Bab Dukkala
☎ 024 38 70 10
📠 024 38 72 21

Este *riad* acogía el más famoso restaurante marroquí de la ciudad a mediados del siglo pasado (Winston Churchill o la reina Ingrid de Dinamarca estaban entre los clientes habituales). Transformado por Fabrizio Ruspoli en un hotel encantador de lujo discreto, conserva su espíritu refinado. Cada objeto o mueble de las 17 habitaciones o suites a todo confort (algunas con terraza privada) que se distribuyen en torno a dos patios son auténticos tesoros. Además, posee un fácil acceso en coche a un aparcamiento vigilado y un servicio de lanzadera que os conducirá en 10 min al centro de un suntuoso jardín en el que hay una piscina reservada para los clientes.

## Riad Enija★★★★★

9, Derb Mesioui (D2)
Rahba Kdima
☎ 024 44 09 26
📠 024 44 27 00

Dos hermosos *riads* comunicados con ocho suites en total repartidas en torno a dos patios,

uno de los cuales es un auténtico jardín tropical. Algunos cuartos de baño están equipados con enormes bañeras recubiertas de mosaicos. (*¡Atención!* Los cuartos de baño de las suites Caméléon y Lion están separados de las habitaciones). Tres de las suites del 1er piso disponen de terraza privada. Proyectan construir una pequeña piscina y un hammán.

## Riad Kaïss ★★★★★

65, Derb Jidid (D3)
Riad Zitoun Kedim
☎ 024 44 01 41
www.riadkaiss.com

En cuanto se pasa el umbral de este magnífico edificio, el significado original de su nombre adquiere todo su sentido. El patio es aquí un auténtico jardín poblado con una exuberante vegetación, alrededor del cual se distribuyen alcobas y salones con muros recubiertos de cuadros y amplias habitaciones con cuarto de baño. Los arcos y las escaleras contribuyen al encanto del lugar. El hammán y la pequeña piscina de la terraza garantizan una estancia relajante a la vez que exótica.

## Riad Medhi★★★★★

2, Derb Sedra (D3)
Bab Agnaou
☎ 024 38 47 13
o 024 38 47 17
📠 024 38 47 31

La refinada decoración, las luces tamizadas, el cálido ambiente, el aroma de madera de cedro, el

colorido de las aterciopeladas telas y del *tadlack* estimulan los sentidos. Las habitaciones, suites y espaciosos salones de este hermoso riad pegado a la muralla de la kasba permiten disfrutar de la intimidad con total tranquilidad. Para colmo de la voluptuosidad, tiene un acceso privado directo al hammán y a los salones de masaje de los Baños de Marrakech.

## Les Jardins de la Médina★★★★

21, rue Derb Chtouka (D4)
☎ 024 38 18 51
📠 024 38 53 85
www.lesjardinsdelamedina.com

Este hotel de 36 habitaciones (AC, teléfono, minibar, TV) tiene un gran patio, una piscina caliente en invierno, hammán, restaurante, aparcamiento y, sobre todo, una excelente relación calidad-precio.

### CASAS DE HUÉSPEDES

Sabed que podéis alquilar totalmente algunos *riads* por precios ventajosos y beneficiaros de los servicios de hostelería. Un buen número de ellos organiza también los desplazamientos al aeropuerto o envía a alguien para que os encuentre en un lugar muy conocido y os guíe por las calles de la medina.

## Dar Mouassine★★★★

**148, Derb Snane (D2)**
☎ / 🅕 024 44 52 87

Nuestra preferencia se decanta por este pequeño *riad* del s. XIX situado a dos pasos de la fuente Mouassine. Un ambiente familiar y cálido y una tranquilidad absoluta envuelven las cinco hermosas habitaciones decora-

das con buen gusto, el bello patio sombreado, la pequeña piscina azul oscuro, el salón de lectura y el de TV, con más de 200 vídeos a disposición de los clientes. Además de la amistosa acogida y los precios razonables, tiene un encanto y una autenticidad que también sedujeron al célebre escritor Tahar ben Jelloun.

## Riad Malika★★★★

**29, Arset Aouzal (C2)**
**Bab Doukkala**
☎ / 🅕 024 38 54 51
www.riadmalika.com

Este riad, que hace justicia a su nombre de jardín, ha conseguido una mezcla muy lograda entre orientalismo y mobiliario modernista. Cinco suites y dos amplias habitaciones perfectamente decoradas cuentan con cuartos de baño pintados al *tadlack* y el toque retro de las bañeras con patas. Una auténtica casa de huéspedes con un servicio irreprochable.

## Riad Oasis★★★★

**86, Derb El Makina Arset el Baraka (E2)**
**Bab Aylen**
☎ 024 38 64 64
Reservas: ☎ 024 43 72 11
o 024 42 27 82
www.riadoasis.com

Apenas franqueada la puerta, el encanto de la que fuera la mansión de una rica familia de notables marroquíes envuelve y seduce al visitante. Restaurado en el estilo hispano-árabe que predomina

en la medina, este *riad* une las maravillas de los materiales tradicionales con el confort moderno. Sólo el murmullo del agua y el rumor de las alas y el canto de los pájaros turban la inmovilidad del aire y la perfecta quietud de las cinco habitaciones que se distribuyen en torno al patio y la piscina. Es, además, un lugar fácilmente accesible en coche.

## Dar el-Farah★★★★

**Derb Dabachi**
**192 bis, Derb Jdid (D3)**
☎ 024 37 77 49
o 066 45 24 57

Un hermoso *riad* restaurado con amor, muy bien situado (a 5 min de la plaza Jemaa el-Fna) y de fácil acceso. Lo constituyen seis bellas habitaciones con cuartos de baño de ensueño y un gran patio en el que hay una piscina. Acogida amistosa y servicio perfecto.

## Riad Magellan★★★★

**62, Derb El Hammam**
**Mouassine (D2)**
☎ / 🅕 024 37 60 70
www.riadmagellan.com

Aquí se combinan armoniosamente objetos conseguidos con cariño por todo el mundo y materiales tradicionales. Huyendo de lo sobrecargado, la decoración minimalista es una delicia. La armonía y suavidad de los colores, de los que las habitaciones llevan el nombre, son adecuado

reposo para los sentidos agitados por la ebullición de la medina. Un lugar ideal para disfrutar del lujo discreto de Marrakech.

## Dar el-Souk★★★

**56, Derb Jdid (D3)**
**Riad Zitoun Kdim**
☎ / ❶ 024 39 15 68
☎ 061 17 0470
**www.darelsouk.com**

Totalmente blanco, este bonito *riad*, situado a dos pasos del palacio El-Badi, ofrece siete habitaciones que llevan los nombres de los zocos de la medina. Sobriedad y refinamiento presiden la decoración de las diferentes piezas que se distribuyen en torno a un luminoso patio. Todos los cuartos de baño tienen peinadores bordados en nido de abeja, jabón *beldi* y guantes de hammán. ¡Y lo mejor de todo es el precio! Una de las mejores relaciones calidad-precio de la medina.

## Le Gallia★★★

**30, rue de la Recette (D3)**
☎ 024 44 59 13
❶ 024 44 48 53

Indiscutiblemente la mejor relación calidad-precio de la medina: 450 Dh por una habitación doble con cuarto de baño, desayuno incluido, en un marco vivaz y colorido. No tiene restaurante, pero sí una situación inmejorable a dos pasos de la plaza Jemaa el-Fna y la posibilidad de llegar a él en coche.

## Palmeral

## Amanjena★★★★★★

**Carretera de Quarzazate,**
**km 12**
☎ 024 40 33 53
❶ 024 40 34 77

De *aman*, paz en sánscrito, y *jena*, paraíso en árabe, nació el concepto de este hotel de lujo principesco. Construido en torno a un estanque idéntico al de la Menara, consta de 34 apartamentos de dos plantas. Un servicio irreprochable del máximo nivel y el respeto absoluto a la intimidad atraen a numerosos famosos. Los precios están en consonancia: a partir de 536,13 € por noche (más el 20 % de impuestos) por cada apartamento, según la temporada.

## Caravan Serai★★★★★

**264, Oulad Ben Rahmoun**
**Carretera de Casablanca**
☎ 024 30 03 02
❶ 024 30 02 62
**www.caravanserai.com**

Iluminado por faroles y lámparas multicolores, el Caravan Serai es un auténtico laberinto de corredores, arcadas, escaleras, patios, alcobas y nichos de adobe. Las habitaciones, con paredes recubiertas de *tadlack*, evocan el encanto y el lujo discreto de los oasis presaharianos. Por la noche, la piscina en la que flotan grandes velas redondas ilumina el salón del restaurante.

# Restaurantes

1 - Dar Yacout
2 - Dar Moha
3 - Les Terrasses de l'Alhambra

tortuosas escaleras y sus saloncitos en el piso. No dejéis de ir a la terraza, desde donde hay una vista que abarca toda la medina.

## Les Terrasses de l'Alhambra

**Plaza Jemaa el-Fna, frente al Café de France (D2-3)**
☎ **024 42 75 70**
**TLD, 7-24 h.**

Este restaurante de tres pisos, que domina la plaza Jemaa el-Fna, es una alternativa simpática a los grandes restaurantes o a las pequeñas casas de comidas de la medina. En un cálido ambiente en el que se combinan el hierro forjado, la madera y el ladrillo, se sirven desayunos hasta las 11 h, y después, comidas y cenas hasta las 23 h. Los precios son correctos (ensaladas, pastas y pizzas sobre 55 Dh y carnes sobre 90 Dh), y los salones, modernos y con AC.

## Medina

### Dar Marjana

**15, Derb Sidi Ali Taïr (C2)**
**Bab Doukkala**
☎ **024 38 51 10 / 38 57 73**
**Reserva obligatoria.**

Este auténtico palacio garantiza una velada de *Las mil y una noches*. Tras tomar un aperitivo en el patio de vegetación exuberante, os servirán un menú gastronómico (660 Dh, bebida incluida) en uno de los salones. Músicos gnauas y bailarinas de la danza del vientre se suceden mientras degustáis las ensaladas variadas, los tajines y el cuscús. Una mención especial merece el cordero con tomates confitados y caramelizados.

### Dar Yacout

**79, Derb Sidi Ahmet Soussi (D2)**
☎ **024 38 29 29**
**Sólo por las noches; cierra lun.**
**Reserva obligatoria.**
Menú gastronómico (700 Dh, bebida incluida) para una suntuosa cena en un marco de ensueño. Una buena ocasión para descubrir la disposición de las antiguas casas árabes, con sus

## Dar Moha

81, rue Dar el-Bacha (D2)
☎ 024 38 64 00
Comidas de 12 a 15 h
y cenas de 19.30 a 24 h;
cierra lun.

Este restaurante que ocupa la antigua casa de Pierre Balmain es una de las paradas obligatorias de Marrakech. Mohamed Fedal, llamado «Moha», se entrega con virtuosismo a su pasión de siempre: las combinaciones originales de sabores. Las mesas, salpicadas con pétalos de rosa, están dispuestas en el fresco patio, en torno a la pequeña piscina con mosaicos. El surtido de ensaladas y el *briouat* merecen una mención especial y revelan la creatividad del chef.

## Le Pavillon

47, Derb Zaouia (C2)
Bab Doukkala
☎ 024 38 70 40
Sólo por las noches;
cierra mar.
Reserva aconsejable.

Confesamos nuestra debilidad por este restaurante gastronómico francés instalado en un bello *riad*, decorado con buen gusto. Se cena en alguno de los salones repartidos en torno al patio, donde mana una fuente. La imaginativa carta que se adecua a las estaciones y nunca decepciona es obra de Laurent Tarridec, ¡nada menos que dos estrellas Michelin!

## Le Fondouk

55, souk El Fassi (D2)
Kaat Ben Nahid
☎ 024 37 81 90
12-24 h; cierra lun.
Reserva aconsejable.

Instalado, como indica su nombre, en un antiguo parador de caravanas, en este restaurante se unen la calidad de la cocina y la de la decoración. Gigantescos candelabros adornados con velas multicolores y vaporosas veladuras iluminan las mesas con una tamizada luz dorada. En las cuestiones del paladar no os decepcionará: Thierry y Frédéric se dedican a conjugar sabores mediterráneos y orientales para llenar los platos con viandas tan perfumadas como sabrosas.

## Dar Fez

8, rue Boussouni (D2)
Riad Laarous
☎ 024 38 23 40
☏ 024 38 22 13
www.darfez.com
Por las noches,
a partir de las 19.30 h.
Reserva aconsejable.

En este *riad* del corazón de la medina, entre las calles el-Gza y el-Laarous, os espera una sabrosa cena en un bonito patio azul con acompañamiento musical. La cocina, igual que el dueño, es de Fez: *pastilla*, tajín de pollo con naranjas y almendras o cuscús, y todo regado con vino de Mequínez. El menú, con varias posibilidades de elección, cuesta 480 Dh, con aperitivo de invitación.

## Le Kosybar

47, place des Ferblantiers
(D3)
Kzadria
☎ 024 38 03 24

Madera, hierro forjado, *tadlack*, *bejmat* y cobre convierten este bar restaurante, de ambiente cómodo y luz suave, en un blando nido en el que resulta difícil sentirse extraño. Podéis ir para sentaros en un taburete del bar y tomar una cerveza o un vaso de vino mientras escucháis al piano desgranar sus acogedoras notas, o para probar el cordero asado «Wellington», un milhojas de berenjena o incluso un tajín de congrio con chalotas y uvas pasas, cómodamente sentados en el salón o en la terraza.

## Le Riad des Mers

411, Derb Sidi Messaoud
(C1) Bab Yacout
☎ 024 37 53 04
o 072 41 82 64

Gracias a una lanzadera que comunica cada noche Marrakech con Esauira, el océano está al alcance de la mano en este bonito patio que irradia blancura. Pescados, crustáceos y mariscos llegan a vuestro plato unas pocas horas después

### CASAS DE COMIDAS DE LA CALLE BANI MARINE (D2)

Para los bolsillos modestos o para los amantes de los ambientes auténticos, estos restaurantes ofrecen precios más que razonables. Por menos de 50 Dh, parrilladas de cordero, *merguez*, cuscús, ensaladas marroquíes y té a la menta. Probad, por ejemplo, en El-Bahja, en el nº 41, el Hadj Brik, al lado, o el Au Casse-croûte des Amis, un poco más lejos.

de haber sido capturados. Menú de 120 Dh al mediodía y a partir de 180 Dh por la noche para que degustéis rodaballos, lotas, peces espada o doradas a la plancha, fritos o al horno, pero la carta también incluye delicias como bogavantes, ostras o erizos de mar.

## Guéliz

### Le Grand Café de la Poste

**Esquina del bd Mansour Eddahbi con Iman Malik (B2)**
☎ **024 43 30 38**
**Desayunos, 8-12 h;
comidas, 11.30-18.30 h;
aperitivo bufé, 18-20 h;
cenas, 19.30-24 h.**

Este viejo bar, que tuvo su mejor momento durante el protectorado francés, se ha convertido en una popular casa de comidas tras un periodo de decadencia. Enteramente renovado en un estilo modernista de nueva factura, es uno de los lugares de moda de la ciudad. Con un ambiente algo retro salpicado de toques kitsch, este restaurante bar no está vacío nunca aunque suban los precios de la carta. En el 1er piso, las noches de los martes las chicas invaden el vestíbulo, y los hombres, durante unas horas, no tienen derecho a pasar.

### Le Jacaranda

**32, bd Zerktouni (B1-2)**
☎ **024 44 72 15**
**TLD, 12-15 h y 19.30-23 h.**

A pocos metros de la plaza Abd el-Moumen, este restaurante disfruta de una céntrica localización. Su especialidad es la cocina francesa, aunque también ofrece algunos platos marroquíes. Precios interesantes a mediodía (menús de entre 85 y 190 Dh) que tienen una clara tendencia a inflarse por la noche (cena a la carta). Una terraza sobre la acera, pero un poco ruidosa.

### La Trattoria

**179, rue Mohammed el-Beqal (B1-2)**
☎ **024 43 26 41**
**www.latrattoriamarrakech. com**
**TLD, 19.30-22.30 h.**

Un buen restaurante gastronómico italiano (pastas, carnes, pescados) instalado en una villa de los años 1920 en la que el modernismo y las influencias hispano-árabes se mezclan para crear un ambiente cálido y voluptuoso. Los románticos apreciaréis, sobre todo, la cena a la luz de las velas al lado de la piscina. Los precios están a la altura de la decoración. Calculad 450 Dh por una cena completa.

### Al-Fassia

**55, bd Zerktouini (C2)**
☎ **024 43 40 60**
**o 024 43 79 73**
**☏ 024 44 83 49**

Uno de los pocos restaurantes marroquíes situados en la ciudad nueva que están abiertos al mediodía y por la noche y son de fácil acceso. La decoración no tiene mucho interés, pero la cocina muy clásica es perfecta. Aquí probaréis la mejor espaldilla dorada de Marrakech. Otra ventaja sobre la mayoría de restaurantes marroquíes es su oferta de carta, que os permite comer a vuestra conveniencia. Al mediodía tienen menús de entre 170 y 200 Dh y se cena a la carta.

### Safran et Canelle

**40, av. Hassan II (B2)**
☎ **024 43 59 69**
**TLD, de mediodía a medianoche,
el restaurante marroquí,
y a partir de las 20 h,
el internacional.**

Pintura amarilla y roja en el techo, veladuras de muselina anaranjada y mesas bajas iluminadas con velas, es el marco en el que este restaurante marroquí ofrece una carta que se aparta de los caminos trillados con sus *msemen* rellenos de *khlib*, su *douida* de carne asada con fideos o sus pies de ternera con trigo. Y para los cantantes aficionados, el restaurante internacional organiza cada noche un karaoke muy de moda en el que participan voluntarios jóvenes y no tan jóvenes.

### Le Catanzaro

**Rue Tarik ben Ziad, tras el mercado central (B1-2)**
☎ **024 43 37 31**
**12-15 h y 19-23 h;
cierra dom.**

Es mejor hacer reserva o llegar cuando abren (12 y 19.30 h) si no queréis hacer cola en la calle. Este restaurante de especialidades italianas (pizzas y pastas de todo tipo) es uno de los lugares más frecuentados de la ciudad. La calidad constante, los precios prudentes y la eficiencia del servicio son la causa.

1

## Bagatelle

**101, rue de Yougoslavie (B1-2)**
☎ **024 43 02 74**
**12-14.30 h y 19-22.30 h; cierra miér.**

Hace más de 50 años que este establecimiento sin pretensiones, atendido por la misma familia francesa, sirve unos platos de cocina familiar sencilla y generosa con sabores provenzales a una clientela habitual, pero también a los viajeros. A partir de la primavera se come o se cena en un jardín interior bajo las viñas emparradas. Los precios están sobre los 150 Dh por persona, bebida incluida.

## Casanova

**221, av. Yacoub el Mansour (B1/C1)**
☎ **024 42 37 35**

Este restaurante italiano recién instalado en Guéliz, en el que los dueños os acogen personalmente, ofrece una cocina de calidad, basada en *antipasti* de mar o de tierra, *primi piati* que respetan las recetas tradicionales y *secondi* fieles a los sabores de antaño; en resumen, una

buena opción por un precio moderado (unos 300 Dh por persona por la cena completa). Es posible cenar en el jardín pagando algo más.

## Al sur de Marrakech

### Le Bó-Zin

**Douar Lahna; km 3.5 de la carretera de Ourika**
☎ **024 38 80 12 o 024 38 80 13**
**Abre sólo por la noche. Reserva obligatoria.**

Luces suaves y cuidado ambiente musical el de este restaurante que apuesta por la comida internacional y la comodidad de los comensales. En el salón, que conserva los cálidos colores de la villa, o en los islotes del jardín, a los que se accede mediante pequeños puentes de ma-

dera, saborearéis a la luz de las antorchas unos platos bien presentados en los que se mezclan sabores llegados de las cuatro esquinas del mundo: *briouat, nems, satay* de pollo, ensalada tailandesa, *bruschetta,* tajín, curry…, pero sobre todo no os dejéis desanimar por su ubicación fuera de las murallas, pues los taxis pequeños llegan en pocos minutos.

# Cafés, heladerías
## y salones de té

1 - *Pastelería-salón de té
Des Princes*
2 - *Le Lounge*
3 - *Le Lounge*
4 - *Glacier Oliveri*

## Boule de Neige

**30, rue de Yougoslavie
(B1-2)
☎ 024 44 60 44**

---

### Guéliz

## Amandine

**177, rue Mohammed
el-Beqal (B1-2)
☎ 024 44 96 12
TLD, 7-21 h.**

Sin duda, es una de las mejores pastelerías europeas de la ciudad. El delicioso chocolate, las pastas ligeras y delicadas, las cremas de mantequilla como en tiempos de nuestras abuelas pueden degustarse en el lugar gracias a sus mesitas, pero el establecimiento no tiene demasiado encanto. Sólo la frescura y limpieza del local incitan a sentarse.

## Le Lounge

**24, rue de Yougoslavie
(B1-2)
☎ 024 43 37 03
11-1 h de la madrugada.**

Lugar de encuentro de los jóvenes a la moda que vienen a desayunar, comer o cenar, o sólo a tomar una cerveza con los amigos a cualquier hora del día o de la noche. Con una decoración contemporánea de tonos anaranjados, una iluminación que recuerda un estudio de cine y sobre todo su larga terraza que da a una calle peatonal, es un buen lugar para aprovechar las tarifas de la *happy hour*.

Para aquellos que busquéis un poco de frescor, este gran salón climatizado en pleno centro de la ciudad es la parada ideal. Bebidas frías y calientes (el café es bueno), pastelería y, además, helados de sabores variados. Los cucuruchos para llevar o consumir allí mismo son especialmente buenos.

---

## Glacier Oliveri

**7-9 bd El-Mansour Eddahbi
(B2)
☎ 024 44 89 13
TLD, 6.30-23 h (ver, 24 h).**

La reputación de la casa no es de ahora. Sus helados son famosos desde hace mucho tiempo y

las pastas no tienen nada que envidiarles. En resumen, un buen lugar para desayunos y degustaciones.

## Medina

## Café Argana

**Plaza Jemaa el-Fna (D2-3)**
**TLD, 7-23 h.**

Lugar ineludible para quienes queráis estar en contacto con la plaza, gracias a que su terraza procura una visión general, el local es más animado y más auténtico que sus homólogos de los alrededores. Con un poco de suerte os encontraréis al escritor barcelonés Juan Goytisolo, que es un habitual. Los bebedores de Coca-Cola absteneos, pues aquí no se sirve.

## Le Café Arabe

**184, rue Mouassine (D2)**
**☎ 024 42 97 28**
**TLD, 10-24 h.**
**www.cafearabe.com**

Un lugar de ensueño para saborear un té a la menta o un café italiano en la atmósfera oriental de su pequeño salón de refinada decoración, o para tomar un romántico aperitivo en su terraza, con el sol ocultándose tras las cimas nevadas del Atlas como telón de fondo. También es restaurante (servicio de 12 a 22.30 h), sirve desayunos-comidas los domingos y tiene dos habitaciones y una minisuite a disposición de los viajeros.

## Le Café des Épices

**75, plaza Rabhba Kdima (D2)**
**☎ 024 39 17 70**
**TLD, 9-21 h.**

Rompiendo con la regla del lujo de los restaurantes instalados en *riads*, este pequeño café juega la carta de la simplicidad con sus muros sencillamente embaldosados, sus mesas de madera, sus sillas de asiento de paja y su suelo de cemento pintado. Uno se siente casi como en casa y los precios están en consonancia con el espíritu del lugar. Los tés y cafés que acompañan los platos de pastelería marroquí están aromatizados con especias, cuyo aroma perfuma el ambiente. Y la guinda es la terraza que domina la plaza y el *wi-fi* gratuito.

## Ice Legend

**52, rue Bab Agnaou (D2)**
**Plaza Jemaa el-Fna**
**☎ 024 44 42 00**
**TLD, 11-24 h.**

Para refrescaros en la época más calurosa, esta tienda ofrece 42 sabores distintos de helados para llevar, todos hechos en la casa, y lo mismo ocurre con los cucuruchos. Cereza, frambuesa, kiwi, piña, regaliz, caramelo, melocotón o banana Split, para citar sólo algunos, hacen las delicias de grandes y pequeños. Los precios son razonables, a partir de 5 Dh la bola.

## Pastelería-salón de té Des Princes

**32, rue Bab Agnaou (D3)**
**☎ 024 44 30 33**
**TLD, 5-22 h.**

En sus dos grandes salones, a menudo llenos (el de la planta baja, al fondo del almacén, es muy agradable), se puede saborear un gran surtido de pastas tanto orientales como occidentales, así como deliciosos helados. Es un local que no sólo frecuentan los turistas, sino que su principal clientela es marroquí.

### NADA DE ALCOHOL EN LOS CAFÉS

Los bebedores de cerveza y otros amantes de las bebidas alcohólicas deberéis renunciar a la cervecita en la terraza. Los cafés, heladerías y salones de té nunca sirven alcohol. Únicamente los restaurantes, y no todos están autorizados a hacerlo.

# La estancia
## en Esauira

1 - *Le Patio*
2 - *Dar al Bahar*
3 - *Riad Bleu Mogador*
4 - *Dar Loubane*

## Madada Mogador★★★★

5, rue Youssef el- Fassi (A2)
☎ 024 47 55 12
www.madada.com

El cuidado diseño moderno, los materiales nobles como el latón, el cobre, la madera de palisandro, tejidos sedosos y *tadlack* de colores suaves invitan a la serenidad que reina en la casa. Al traspasar la puerta se ve la playa más allá de las murallas, y desde algunas habitaciones, la vista es espectacular. Es necesario reservar con meses de anticipación, pues la fama de la casa traspasa fronteras.

## Dar al Bahar★★★

1, rue de Touahen (A1)
☎ / ☎ 024 47 68 31
www.daralbahar.com

## Hoteles

### Villa Maroc★★★★

10, rue Abdellah ben Yassine (A2)
☎ 024 47 31 47 / 61 47
☎ 024 47 58 06
www.villa-maroc.com

Primer hotel con encanto que se estableció en un *riad*, la Villa Maroc consiguió hace mucho tiempo el reconocimiento. Decoración refinada, servicio impecable y cálido ambiente lo han convertido en el destino favorito de la gente del cine, la moda y el arte. El restaurante ofrece una excelente cocina marroquí.

### Palazzo Desdemona★★★★

12-14, rue Youssef el-Fassi (A2)
☎ 024 47 22 27
☎ 024 78 57 35

Situado entre las dos filas de murallas, a 3 min de la playa caminando por las callejuelas de la medina, el hotel cuenta con 15 habitaciones o suites con camas con baldaquino, todas diferentes y decoradas con buen gusto. Los limpísimos cuartos de baño sólo están equipados con ducha. En algunas habitaciones, así como en la gran sala del restaurante, las chimeneas funcionan perfectamente.

Construida sobre las murallas, cerca del bastión norte de la medina, la «casa del mar» hace honor a su nombre. A sus pies van a morir las olas del Atlántico y desde su terraza la vista se pierde en la inmensidad del océano. Este gran edificio de muros blancos y azules y marcos de piedra en puertas y ventanas cuenta con una docena de habitaciones cuidadosamente decoradas. Un lugar ideal para una estancia del color del cielo y las nubes.

## L'Heure Bleue★★★★

**2, rue Ibn Batouta (B2)**
☎ 024 78 34 34
**❶** 024 47 42 22
**www.heure-bleue.com**

Gran *riad* de 16 habitaciones y 19 lujosas suites de variada decoración dispuestas en torno al patio. Este hotel se ha convertido en poco tiempo en uno de los lugares más prestigiosos de Esauira. Antigua residencia del caíd, esta magnífica mansión decorada con buen gusto desprende el arte de vivir y el fasto de antaño. En el último piso, una gran terraza con piscina y solárium ofrece una vista panorámica de la medina.

## Dar Adoul★★★

**66, rue Touahen (A1)**
☎ 024 47 39 10
**www.dar.adoul.com**
**TLD, 12-14 h y 19-22 h.**

Toda decorada en blanco, azul y amarillo, esta antigua notaría es ahora un encantador hotelito. Sencillas pero cómodas, las habitaciones se distribuyen en torno al patio, del que surgen aromas de especias raras, y algunas tienen chimenea. La gran terraza, que domina los tejados de la medina, también ofrece una vista impresionante sobre el océano, cuyos embates mue-

ren contra los parapetos color azafrán. Una dirección para recordar.

## Cafés y restaurantes

### Dar Loubane

**24, rue du Rif (A1)**
☎ 024 47 62 96

Aquí se cena en un ambiente cálido iluminado con velas en un decorado del s. XVIII. Ofrecen veladas musicales a cargo de músicos gnauas dos o tres veces por semana. Su carta contiene una variedad de platos de cocina francesa y marroquí a precios medios. Calculad 150 Dh por la cena completa sin bebida.

### Le Patio

**28 bis, rue Moulay Rachid (A1)**
☎ 024 47 41 65 / 66
**Sólo por las noches.**

Nuevo lugar de encuentro de la juventud local, la larga barra a franjas de este restaurante se anima todas las noches con el barullo de las risas. Vienen a encontrarse en torno a una cerveza antes de cenar en la gran sala adyacente, que, gracias a sus diferentes niveles, posibilita una gran afluencia de comensales, así como cenas íntimas. Una gran carta para contentar todos los gustos, en la que sobresalen, sin duda, los pescados.

### L'Elizir

**1, rue d'Agadir (B1)**
☎ 024 47 21 03
**www.elizir.com**
**Sólo por las noches.**

Abdelatif, el propietario, es un apasionado coleccionista de objetos de los años 1960/1970 con los que ha decorado impecablemente el local. Degustaréis, sentados en auténticas sillas tulipán, con TV y transistores

anaranjados, platos de imaginativa cocina mediterránea con toques creativos marroquíes e italianos. *Gnocchis* de calabaza a la albahaca, *briouates* de calabacín, tajín de dromedario, pescados del Atlántico y quesos de cabra de la región a unos precios que permitirán disfrutar a los más comilones sin vaciar la cartera.

### Riad Bleu Mogador

**23, rue Bouchentouf (B1)**
☎ 024 47 40 10
o 024 78 41 28
**❶** 024 78 45 83

Es un lugar conocido por los que aprecian el buen trato. En un *riad* restaurado con gusto, los clientes descubren, en torno a un puñado de mesas (la reserva anticipada es necesaria), creaciones originales que merecen mención especial: *pastilla* de salmonete rubio en la que se alternan los filetes del pescado con capas de verduras escalfadas al aceite de argán, sardinas sobre espejuelo de pimiento dulce, pichones lacados con miel… todo, hasta los postres, es exquisito. Como no tendréis suficiente con una única cena, podéis quedaros en alguna de las habitaciones que alquilan.

# Ir de compras: **datos útiles**

## Horarios de apertura

De entrada hay que distinguir entre las tiendas de la ciudad nueva y los comercios de los zocos. Las primeras tienen horarios regulares que suelen estar indicados en la puerta de entrada, y normalmente cierran los domingos (al menos por la tarde) y los días festivos. Éstas están abiertas, generalmente, de 9 o 9.30 a 12.30 o 13 h y de 15.30 o 16 a 19.30 o 20 h. Los horarios de la medina son mucho más difíciles de determinar. La mayor parte funcionan con horario continuo de 9 a 20 o 21 h los siete días de la semana, pero nada garantiza que se respete. No es raro encontrar puertas cerradas en el horario comercial, sobre todo los viernes.

## ¿Precios fijos?

Ninguna ley obliga a los comerciantes a fijar los precios, por lo que es muy raro verlos en los escaparates. Sin embargo, el etiquetado de los artículos en las tiendas se practica sistemáticamente en los comercios de Guéliz. Los zocos esquivan fácilmente esta práctica, pues aunque marquen algún precio, no hay que tenerlo en cuenta, ya que suele estar considerablemente

### ORIENTARSE

Hemos indicado al lado de cada una de las direcciones de los capítulos «La estancia», «Ir de compras» y «Salir» su localización en el plano de situación del final de esta guía. Los planos de Esauira y de los alrededores se encuentran en el reverso del plano general.

inflado, como ocurre con el precio que dan al iniciar el regateo.

# Hacer las compras

La regla de oro es hacerlas sin la compañía de guías, pues su presencia significa un encarecimiento del producto, ya que se llevarán una comisión del comerciante.

serie. Algunos comerciantes llegan a rebajar el precio hasta la décima parte para convenceros, lo que en materia de antigüedades (sobre todo si son joyas) es una prueba irrefutable de falsificación.

# Forma de pago

El pago en metálico es lo mejor. Aunque las tarjetas

## REGATEO: LOS MEJORES SECRETOS

Jamás mostréis demasiado interés por el objeto que hayáis elegido. Empezad por pedir el precio de otra cosa y luego cambiad de preferencia. No llevéis encima demasiadas señales de opulencia. Dejad que sea el comerciante el primero en rebajar su precio. No dudéis en ofrecer inicialmente un precio muy bajo (mucho menos de lo que habéis pensado gastar). Abandonad la tienda si la discusión no avanza (el vendedor generalmente no dejará que os vayáis). Conservad la sonrisa de principio a fin. No paguéis con tarjeta de crédito.

# Envíos

La prisa es otra circunstancia a evitar. Es necesario visitar varias tiendas para comparar calidades y hacerse una idea de los precios. Los objetos a la venta son muy parecidos y las diferencias pueden ser difíciles de apreciar. Debéis aseguraros de la resistencia de las costuras, de la solidez de los cierres y los fondos, del funcionamiento de las cremalleras, de la permanencia de los tintes (deberíais frotar la piel con un pañuelo para ver si destiñe, sobre todo si es azul índigo). A menos que seáis conocedores experimentados, preveníos contra las ofertas de antigüedades, que en Marruecos pueden estar fabricadas recientemente en

de crédito empiezan a ser aceptadas en algunas tiendas de los zocos, no suelen ser muy bien vistas y los comerciantes intentarán cargaros el porcentaje que han de pagar al banco. Prudencia también con los euros o los dólares, pues el cálculo del cambio nunca será a vuestro favor.

La mayor parte de los comerciantes importantes (los vendedores de alfombras) se encarga, mediante un suplemento adecuado, de las operaciones de embalaje y expedición al extranjero. Podéis añadir al paquete los objetos comprados en otros sitios.

## BARRIO INDUSTRIAL DE SIDI GHANEM

Creada en 1990, esta zona industrial se ha convertido en un centro de creatividad. Merece una visita no por su encanto, sino para conocer los numerosos talleres y salas de exposición que se han instalado. El lugar es ideal para quienes penséis renovar los objetos de casa, cambiar la cubertería, la vajilla, las cortinas o hacer un pedido de mobiliario de diseño. Podéis hacer una pausa en el Café Cosaque (en el nº 280, lun-vier, 7.45-17 h) y degustar una comida original y barata.

**Carretera de Safi, unos 20 min de viaje en los taxis pequeños desde Jemaa el-Fna.**

# La moda

**Aunque Marrakech está aún lejos de ser una capital de la moda contemporánea, se pueden encontrar cosas interesantes. Poco a poco, las tiendas siguen los usos y gustos occidentales. Los precios suelen ser muy asequibles y la calidad mejora rápidamente. En paralelo, una nueva generación de diseñadores se inspira en las vestimentas orientales tradicionales para crear nuevas tendencias.**

### Boutique Kaki

83, rue de Mauritanie (B2)
☎ 024 43 93 29
Lun-sáb, 9-13 h
y 15.30- 20 h.

Una línea de moda de depurada inspiración oriental diseñada y realizada por la estilista Sylvie Lahcen en colores suaves y sobrios. Capas y estolas, túnicas y capotes largos, vestidos, blusas y chilabas bordadas por dedos de hada. Los precios son razonables, entre 200 y 1.000 Dh. Una tienda con éxito entre los residentes.

### Atika

212, av. Mohammed-V (B-C2)
☎ 024 43 24 52
Lun-sáb, 8.30-13 h
y 16-20 h.

A partir del éxito de su tienda de calzado, la firma se ha lanzado, para suerte nuestra, en el campo del *prêt-à-porter* femenino. Así ha surgido este establecimiento de trajes y accesorios clásicos en el que se codean el algodón, la malla y la piel. En la línea de lencería y de ropa de estar por casa podéis, por ejemplo, encontrar un Wonderbra.

### Paradoxal

68, bd Zerktouni (B1-2)
☎ 024 43 15 87
TLD, excepto dom,
9-13 h y 15.30-20 h
(ver, 16-21 h).

Una variada selección de ropa de diferentes marcas. Lo clásico y lo informal, lo elegante y lo deportivo, el algodón y la lycra, la seda y el lino, todo convive en este negocio en el que la ausencia de stock entraña una renovación constante de los artículos que hace posible encontrar algo a vuestro gusto.

## Camel

**24, rue de Mauritanie (B2)**
**☎ 024 43 93 29**
**Lun-sáb, 9-13 h y 15-19 h**
**(ver, 20 h).**

Igual que su vecina de enfrente, esta tienda ofrece las creaciones de Sylvie Lahcen. Con la misma inspiración, materiales igualmente naturales y modelos también sobrios, pero ligeramente distintos. Camisetas de ganchillo (200 Dh), conjuntos de algodón tejido o rizado, sandalias en seda bordada (120 Dh) y alpargatas para hombre (100 Dh), bonitos regalos que se salen un poco de la artesanía local, pero conservan el toque oriental.

## Michèle Baconnier

**6, rue de Vieux Marrakchi (B1-2)**
**☎ 024 44 91 78**
**Lun-sáb, 9-12.45 h y 15.30-19 h.**

Utilizando tejidos provenientes de los cuatro puntos cardinales (Marruecos, India, Uzbequistán…), la creadora de esta tienda se complace en hacer malabarismos con los colores y materiales nobles como la seda, el algodón, la lana, el lino e incluso el cuero. Estolas 100 % cachemir (400 Dh) o en seda arrugada (de 600 a 1.200 Dh), abrigos, botas (2.400 Dh), babuchas (de 800 a 1.000 Dh) y un surtido de sacos en *suzami* (tejidos bordados de Asia central), tapicerías y cojines con bordados multicolores, así como piezas únicas que tienen un toque de tierras lejanas.

## Tesoruccio

**27-28, edificio Libertad, esquina de la av. Mohammed-V con la calle de la Liberté (B2)**
**☎ 024 42 27 77**
**9-13 h y 15-20 h; cierra dom.**

¡Es inútil que sigáis buscando! Aquí es donde encontraréis con qué calzar a la chiquillería. En esta luminosa tienda las estanterías se hunden bajo el enorme surtido de mocasines, sandalias, manoletinas, zapatos, botines y botas guarnecidas en cuero o en ante en una deliciosa gama de colores ácidos. Un solo reproche, la tienda no calza a los padres.

## Vertigo

**171, av. Mohammed-V (B-C2)**
**☎ 024 43 70 27**
**TLD, excepto dom, 8.30-12.30 h y 16-20 h (inv, 15.30-20 h).**

Un almacén magníficamente decorado (*tadlack* crema en las paredes y estanterías de maderas claras) en el que encontraréis conjuntos de pantalón o falda (entre 400 y 800 Dh) para señora y camisas, camisetas y trajes para caballero, así como toda clase de ropa para los niños.

## TINTAMAR DAR D'HUMOUR

«Muy abierto» de martes a sábado, como se complace en decir su propietario. Primer comercio de Marrakech de venta directa de fábrica de ropa de confección de marca, mobiliario pequeño, adornos y cuadros a precios reducidos, este nuevo local es una auténtica tienda conceptual que satisfará a los más fantasiosos. El almacén también ofrece vestidos nuevos de las últimas tendencias de las modas oriental y occidental. Una mezcla viva y picante, a la altura de su nombre.

**57, rue Ibn Aicha (B1)**
**☎ 024 42 18 21**

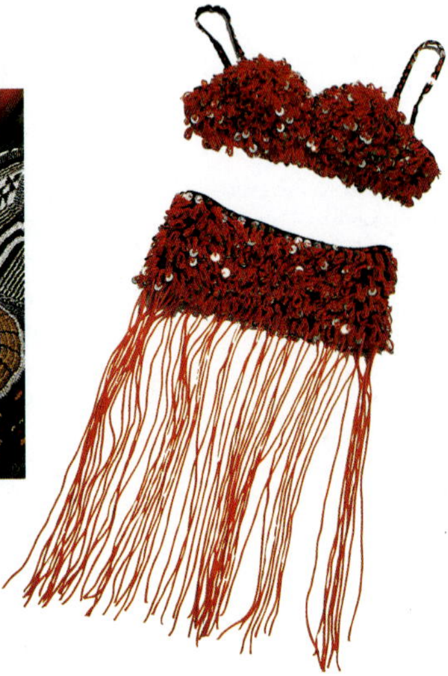

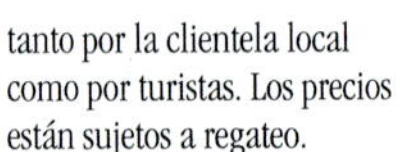

# Moda *beldi*



La moda *beldi* (el término viene de la palabra *beld*, que significa «país») comprende todos los trajes tradicionales marroquíes, desde los más populares hasta los más lujosos. Una auténtica mina de oro para los amantes de la moda étnica.

## La Maison du Caftan Marocain

65, rue Sidi el-Yamani (D2)
Mouassine
☎ 024 44 10 51
TLD, 8.30-20 h.

Esta inmensa tienda frecuentada por estrellas (Johnny Halliday, Jean-Paul Gaultier, Smaïn…), como lo prueban las fotos colgadas en sus paredes, ofrece un número incalculable de chilabas, *gandouras*, caftanes, *seroual…* en algodón, lino o seda. Precios para todos los bolsillos, desde 50 hasta miles de dírhams.

## Au Fil d'Or

10, souk Smarine (ver zocos)
☎ 024 44 59 19
TLD, 9-13 h y 15-20.30 h;
vier, 9-12 h y 15-19 h.

Las chilabas, *gandouras* y babuchas que se venden aquí están confeccionadas con seda. Es un comercio frecuentado tanto por la clientela local como por turistas. Los precios están sujetos a regateo.

## Akbar Delights

45, place Bab Fteuh (D2)
☎ 071 66 13 07
10-13 h y 15.30-19.30 h;
cierra lun.

Túnicas sedosas bordadas a mano, sacos y babuchas con pedrería, estolas y cojines en *tousha*, esa mezcla suave de lana y *pashmina*, son algunos de los exquisitos refinamientos que se encuentran aquí. Cada modelo es único, inspirado en Asia y Oriente y diseñado por los tres franceses que regentan la tienda. Su amplio abanico de precios satisface tanto a los bolsillos modestos como a los que podéis permitiros los artículos de seda bordada en hilo de oro o cobre.

## Alrazal

55, rue Sourya (B1-2)
☎ 024 43 78 84
9.30-12.30 y 15.30-19 h;
cierra dom.

Deseosa de ofrecer lo mejor a los niños, Ghizlane Sahli-Sarnefors trabaja con materias primas 100 % naturales. Ofrece túnicas, pantalones, camisas y capas en una gama de precios que va de los 350 a los 2.500 Dh, con acabados y bordados hechos a mano por artesanos marroquíes. Viste a niños de tres a diez años, pero, gracias al éxito que ha tenido, ha lanzado una línea de vestidos de mujer que pueden admirarse en el 1er piso.

## Aya's

**11 bis, Derb Jdid (D3)**
**Bab Mellah**
**☎ 024 38 34 28**
**Lun-sáb, 9.30-13 h**
**y 15.30-20 h.**
Inaugurada en la primavera de 2004, esta pequeña tienda oculta refinados tesoros. Deseosas de dar trabajo a las asociaciones de mujeres

egipcias y marroquíes, Nawal y Simohamed recurren a las costureras y bordadoras tradicionales. Túnicas, chilabas, pantalones, caftanes y capas en lino, algodón o seda (de 600 a 4.500 Dh); ropa de niños con bordados calados (300 Dh), babuchas de calidad inigualable con saquitos a juego, todo es susceptible de ser

confeccionado a medida y enviado a precio de coste. Hace poco han abierto una sala de exposición de objetos decorativos de inspiración africana en Sidi Ghanem, encima del Café Cosaque.

## Kissaria Hadj Abdeslam

**Zoco (D2)**
Esta antigua *kissaria* incrustada en medio de los zocos es el lugar ideal para transformarse en bailarina de la danza del vientre o en princesa de *Las mil y una noches*. Los numerosos comercios que la rodean rebosan de falditas con pedrería para ponerse en las caderas y sostenes variados totalmente cubiertos de lentejuelas (a partir de 150 Dh el conjunto), pero también hay coloridos bonetes tejidos o con conchas cosidas y cinturones bereberes en seda artificial (a partir de 35 Dh) que pierden el brillo después de lavarlos.

## Kulchi

**1 bis, rue Laksour (D2)**
**☎ 024 42 91 77**
**9.30-13 h y 15-19 h;**
**cierra dom.**

## Kulchi au Comptoir

**(décima tienda en el patio**
**del restaurante**
**Le Comptoir)**
**Av. Echouada (C3)**
**El Hivernage**
**☎ 024 43 77 02**
**16-24 h; cierra dom.**

Viajera, creadora y fabricante de telas chinas, así se define Florence Taranne, impulsora de estas dos tiendas de espíritu ligero y juguetón. Caftanes confeccionados con retazos de viejas telas (a partir de 1.600 Dh), camisas y pantalones para hombre y mujer (entre 650 y 850 Dh) en materiales sedosos de brillantes colores, camisetas, túnicas, chaquetas y forros de algodón para los pufs inspirados en el *pop art*, alfombras bereberes en recortes de tejidos anudados, además de una línea de ropa infantil.

## TRAJES TRADICIONALES

Chilaba: ropaje holgado y de anchas mangas con capucha incorporada que se lleva sobre la ropa.
*Gandoura:* túnica larga sin cuello ni mangas que usan sobre todo los hombres.
Caftán: vestido de fiesta con amplias mangas ceñido a la cintura con un largo cinturón, de uso exclusivamente femenino.
*Haïk:* gran pañuelo de lana o algodón con el que se envuelven las mujeres de la cabeza a los pies.
*Hendira:* pieza de lana tejida rectangular y de dos caras con la que las mujeres bereberes se cubren los hombros.
*Burnous:* capa rústica de lana con capucha que llevan los montañeses.

# Joyas
## y cosméticos

**El trabajo de los metales preciosos y la ciencia de los cosméticos naturales ilustran a la perfección el mito del Oriente refinado y voluptuoso. El arte del adorno y el embellecimiento está enraizado en la civilización marroquí.**

### Les Perles du Sud

**31-32, av. Moulay el-Hassan (B-C2)**
**Centro Kawkab**
**☎ 024 44 86 71**
**TLD, 8.30-13 h y 15-19.30 h.**

Un sitio fuera de la medina dedicado especialmente a las joyas de calidad, tanto de fantasía como de inspiración tradicional. Corales, hematites, lapislázulis y otras muchas piedras montadas sobre todo en plata. Calculad unos 900 Dh por un brazalete grande cincelado en plata, con tres turquesas grandes.

### Joyería Marrakech

**Fhel Chidmi**
**4, rue Mouassine (D2)**
**TLD, 9-12.30 y 15-19 h.**

Hay un batiburrillo de piezas de bisutería, de cuentas de vidrio y piedras (amatistas, malaquitas, corales…) montadas en collares, brazaletes, pendientes o anillos. Precios para todos los bolsillos, entre 10 y 300 Dh, y colores para todos los gustos.

### L'Artisan Parfumeur

**5, rue Mohammed el-Beqal (B1-2)**
**☎ 024 44 88 96**
**TLD, 8.30-20 h;**
**dom, 8.30-13 h y 15-20.30 h.**

¡Una tienda embriagadora! Decenas de perfumes famosos…, más o menos parecidos, aunque la casa

asegura que se trata de los auténticos. Sin embargo, a 49 Dh el frasco de 50 ml es mejor cerrar los ojos y dejarse llevar por el placer de los sentidos. En la planta baja la tienda ofrece joyas inspiradas en las grandes firmas (anillos y collares a 300 Dh).

## Najidi Mohamed Bel Abbès

**Complejo artesanal nº 1, av. Mohammed-V (A1-2/C2)**
☎ 024 38 67 96
TLD, 8.30-12.30
y 14.30-18.30 h.

## ZOCO DE LOS JOYEROS

El zoco de los joyeros se reduce hoy día a una callejuela jalonada por una veintena de tiendas en las que tan sólo se pueden adquirir joyas de 18 quilates (unos 90 Dh el gramo) de factura reciente. Actualmente todavía es un lugar muy frecuentado por los marroquíes, que atribuyen un gran valor a las joyas porque antaño eran el único patrimonio personal de las mujeres y el regalo tradicional que recibían cuando se casaban.

Un lugar para quienes temen no poder reconocer la plata. Aquí todo está controlado, marcado, garantizado y contrastado; los precios son al peso, y los modelos, poco fantasiosos. Hay brazaletes clásicos de tamaños diversos en plata que varían entre 160 y 400 Dh. Los adornos (figuritas de camellos, palmatorias, babuchas, platos o tajines) por menos de 80 Dh son perfectos para pequeños regalos.

## El-Abidi Nasser Eddine

**9, souk Smarine (ver zocos)**
☎ 024 44 10 66
TLD, 9-20.30 h.

Una tiendecita climatizada en la que cada objeto está bien expuesto en vitrinas cuidadosamente alineadas. Una selección de joyas bereberes, de magníficos cofres de plata trabajada y de armas, puñales y fusiles tradicionales, cincelados. Un letrero anuncia a la entrada que los precios (caros) son fijos, lo que convierte el regateo en más difícil.

## Siwa

**124, rue Dar el-Bacha (D2) Bab Doukkala**
☎ 024 39 12 41
TLD, 9.30-13 h y 15-20 h.

Es inútil intentar encontrar piezas raras o antiguas en esta tienda. Las joyas que se ofrecen son creaciones de Benhatoun Essaid, que se inspira en piezas bereberes que incluso transforma, reutilizando las piedras, en anillos o pendientes. Otros objetos interesantes dispersos por la tienda son las cigarreras o las petacas para licor, de plata.

## Trésor du Sud

**49, rue Mouassine (D2)**
☎ 024 44 04 39
TLD, 9-13 h y 15-19.30 h.

Colección de imitaciones de piezas étnicas entre las que los expertos encontraréis alguna

joya rara. Los demás siempre podéis tener la satisfacción de comprar un adorno de plata, una mano de Fátima o un brazalete cincelado (todas piezas actuales).

## Naturelle d'Argan

5, rue Sourya (B2)
☎ 024 44 87 61
☎ 024 44 87 76
Lun-sáb, 9.30-13 h
y 15.30-19.30 h.
www.naturelledargan.com

Tras haber creado y dirigido durante seis años el Taro's Café de Esauira, al que convirtió en el primer café literario de Marruecos, Alain Kerrien se ha lanzado con pasión a producir aceite de argán, cuyos beneficios cosméticos y dietéticos son bien conocidos. Su sala de exposición es el lugar adecuado para descubrir los productos de belleza de gama alta que se producen totalmente de forma biológica. Jabones (a partir de 25 Dh), aceite para la cara o el cuerpo, bálsamo regenerador (a partir de 130 Dh), que se presentan en frasquitos de vidrio soplado.

## Herboriste du Paradis

93, place Ben Youssef (D2)
☎ 024 42 72 49
TLD, 9-19 h.

Consiste en una serie de salitas en las que se atiende por separado a cada cliente, a quien se dan explicaciones detalladas en una especie de visita guiada por la medicina, la cosmética natural y la «magia blanca». Destacamos las cremas de belleza de rosas, almendras o menta y las mezclas para combatir los problemas de la piel. Un equipo de masajistas os solucionarán allí mismo los dolores de espalda, las migrañas y todo tipo de tensiones con friegas de aceites esenciales de árnica o argán. Atención a la cuenta, porque si os descuidáis, se disparará inmoderadamente.

## Chez Rachid y Mohamed

Tienda nº 17, en la segunda calle de la derecha, en el ala principal del mercado cubierto del Mellah (D3).

Deseosos de iniciaros en los secretos de la cosmética natural, estos dos hermanos se relevan en la tienda para responder a vuestras preguntas. No os marchéis sin una piedra pómez para suavizar los pies, algunos trozos de arcilla blanca que mezclados con agua de rosas se convierten en una excelente mascarilla purificante para el rostro, o incluso un saquito de *ghassoul* para embellecer vuestro cabello.

## Le Sens de Marrakech

Nº 18, Z.I. de Sidi Ghanem
☎ 024 33 69 91
10-13 h y 16-19 h;
cierra dom.

Azahar, rosa, madera de sándalo, ámbar, musgo, jazmín o vainilla perfuman maravillosamente los aceites, jabones, cremas, geles, leches y exfoliantes corporales de esta magnífica gama de cosméticos especializada en artículos de baño y al aceite de argán. Para redondearlo, los frasquitos de vidrio con tapones de hierro blanco reemplazan agradablemente a los habituales envases industriales de las sales de baño.

## Herboristería La Baraka

118, place Fontaine Mouassine (D2)
☎ 024 42 74 71
TLD, 9-19.30 h.

Sus espaciosas paredes cubiertas con botes multicolores contienen especias, hierbas medicinales, aceites esenciales y perfumes concentrados en un orden que contrasta con el desorden de los zocos.
Un buen lugar para hacer

un alto y proveerse de cosméticos tradicionales, polvo de *henna* o la capa de estarcir para que podáis dibujar vosotros mismos los complicados motivos en manos y pies.

aceite de higuera beréber, un producto exclusivo de la casa. Un establecimiento conocido en todo el mundo.

## Les Parfums du Soleil

**Rue Tarik Ibn Ziad (B1)**
**☎ 024 42 26 27**
**9.30-12.30 h y 15.30-19 h;**
**cierra dom.**

Abderrazzak Benchaâbane creó en 2001 su primer perfume a petición de Yves Saint Laurent y Pierre Bergé. Llamada Jardin Majorelle, en honor de sus amigos y consejeros, esta agua de *toilette* con aromas de maderas y especias fue la primera de una serie con nombres igualmente evocadores. De su inspiración han surgido la oriental y embriagadora Soir de Marrakech, la Sultane, de flores y especias; la Mogador, fresca y con aroma a maderas; la marina Casablanca y la fresca Agdal, en la que se mezclan naranjo agrio, mandarina, naranja de la India, limón verde y pachulí. Desearéis colocar en vuestro equipaje estas embriagadoras fragancias marroquíes. Los frascos de 100 ml, a partir de 400 Dh.

## LB Cosmetics

**13, rue Moulay Ali (B1)**
**(detrás del hotel Diwane)**
**☎ 024 43 34 69**
**www.lineaire-b.com**
**10-13 h y 16-20 h;**
**cierra dom.**

Ofrecen una línea de productos cosméticos 100 % naturales elaborados en colaboración con biólogos, aromaterapeutas, fitoterapeutas y dermatólogos que, dentro del mayor respeto a las recetas ancestrales, han unido fórmulas activas y fiables basadas en las virtudes de los aceites esenciales y de los extractos de las plantas medicinales. Entre ellas, las cremas, geles, leches, aceites para masaje y jabones para el cuerpo, la cara y el cabello producidas a partir de la mimosa mexicana, de la jalea real, de colágeno, de aceite de argán y, sobre todo, de

### EL *GHASSOUL*

Esta arcilla natural que se vende en polvo se prepara muy fácilmente. Para el cuerpo y los cabellos, verted una buena cantidad de *ghassoul* (dos o tres puñados) en un recipiente y diluidlo con un poco de agua tibia. El resultado no debe ser ni muy sólido ni muy líquido, de forma que se pueda extender

fácilmente por todo el cuerpo y el cabello. Una vez efectuada esta operación, dejad que actúe durante un cuarto de hora, y luego aclarad con agua tibia sin jabón ni champú. El efecto es muy convincente.

# Telas y bordados

**Aunque los tejidos industriales tienden a sustituir los hechos a mano, numerosos artesanos continúan ejerciendo esta extraordinaria habilidad heredada de siglos anteriores. Bordar sigue siendo una actividad reservada a las mujeres, que la practican sobre todo por la noche, después del trabajo doméstico.**

### La Passementerie

Complejo artesanal n° 5
Av. Mohammed-V (B-C2)
☎ 063 09 65 22
TLD, 9-18.30 h.

Cinturones de pasamanería (150 Dh) realizados en todos los colores (que no destiñen), para poner un poco de alegría en vuestros vestidos.
Y para cambiar las pulseras brasileñas de la suerte, ¿por qué no elegir un brazalete a partir de 25 Dh?

### Brigitte Perkins

☎ 024 37 74 16
Sólo con cita previa.

Decidida a revalorizar unos conocimientos ancestrales, Brigitte Perkins trabaja con un equipo de tejedores artesanales marroquíes a los que estimula para que lleven su destreza hasta el virtuosismo. Algodón, lino, seda y seda vegetal, por supuesto tejidos artesanalmente, se convierten en telas suaves y ligeras de una finura sobresaliente. Las piezas se realizan sobre pedido y garantizan la permanencia de los colores. Algunos retales se pueden comprar al momento, pero es un sitio para encargar cortinas y cubrecamas.

### La Maison Bahira

Marion Théard Broderies
54, rue des Banques
(frente al hotel Kennaria) (D2)
Kennaria Medina
☎ 061 75 71 76
Más vale telefonear, porque tienen previsto cambiar de sala de exposición.
TLD, 10-13 h y 16-19 h.

Realizados sobre todo tipo de materiales (napa, individuales de mesa, cojines, sacos…), los bordados son aquí auténticas obras de arte que han llegado a seducir a talentos como Christian Louboutin. El regalo ideal: un par de babuchas bordadas como no se encuentran en otra parte. La novedad es una gama de lencería del hogar (muebles de tocador, trapos de baño y cocina, pañuelos y guantes de baño) delicadamente bordada a mano en colores a juego.

## Le Monde de la Poupée

**114, Kissaria Hadj Abdeslam (ver zocos)**
☎ **024 44 10 49**
**TLD, 9-19 h (ver, 20.30 h).**

Esta tienda con sus paredes cubiertas con cientos de muñecas de trapo es ideal para los pequeños regalos, no solamente los de los niños. Ahmed Lamine es el artesano que las fabrica y las viste con toda clase de trajes inspirados en los vestidos tradicionales marroquíes.

## L'Arc en Ciel

**47, rue Laksour (D2)**
☎ **024 44 24 56**
**TLD, 9-19 h.**

La seda vegetal y el terciopelo predominan entre los rollos de telas de colores cálidos que se acumulan hasta el techo del local (cubrecamas de 2 x 3 m por 300 Dh y de 2,5 x 3 m por 500 Dh). Si el gran surtido que está a la vista no os complace, la casa satisface en dos o tres días los pedidos. También encontraréis aquí

complementos como chales, pañuelos largos (a partir de 60 Dh) y bonitas bolsitas forradas.

## Kelkou Mohamed Feutrier

**Complejo artesanal n° 24**
**Av. Mohammed-V (B-C2)**
☎ **024 38 68 08**
**TLD, 9.30-12.30 y 14.30-19 h.**

Un trabajo original para un resultado que lo es aún más. El fieltro se consigue cardando y compactando la lana de oveja. Los sombreros y otros objetos son de una sola pieza, no llevan cortes y se forman en moldes. Del mismo material están a la venta, también, bolsos y pequeñas alfombras.

## Scène de Lin

**70, rue de la Liberté (B2)**
☎ **024 43 61 08**
**Lun-sáb, 9.30-12.30 h y 15.30-19.30 h.**

Anne Marie Chaoui es una especie de maga. Su inextinguible inspiración y su buen gusto han convertido su tienda, en menos de tres años, en lugar de referencia en decoración. Aunque las telas, cortinas, mantelerías y juegos de cama, todo trabajado en su taller, son la punta de lanza de sus creaciones, las lámparas de estilo modernista, los sillones de cuero, las consolas de hierro forjado y muchos otros muebles le van a la zaga. También ofrece una línea de vestidos de lino y algodón. No hay razón para privarse, pues sirve los pedidos en 24 h.

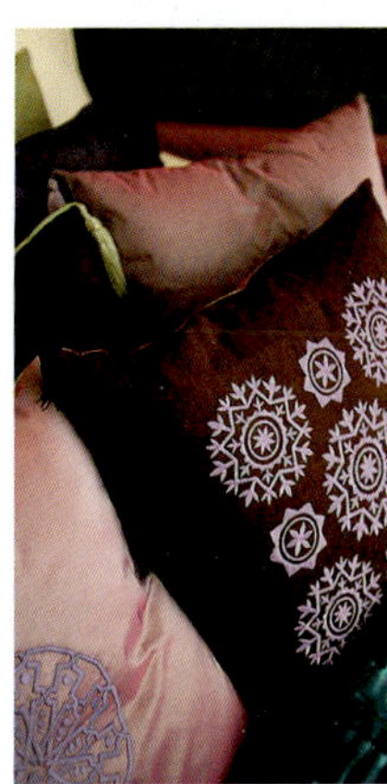



### ELEGIR UNA TELA

El precio de las telas depende, evidentemente, de las materias primas de las que están hechas, pero también en buena medida de la cantidad de trabajo que han requerido. Las telas para tapizar se venden por metros lineales en anchos variables entre 1,20 y 1,50 m, y la mayor parte de las destinadas a la confección de vestidos tradicionales se venden por retazos de 3 x 1,50 m aproximadamente (cantidad de tela necesaria para una chilaba).

# Todo para la casa

**Cada vez hay más creadores que se dedican al interiorismo utilizando materiales tradicionales. Numerosas tiendas de decoración han abierto sus puertas en Guéliz, donde los amantes del «hogar, dulce hogar» encontraréis algo que os hará felices.**

### Lun'Art Gallery

**24, rue Moulay Ali (B1)**
**☎ 024 44 72 66**
**Lun-sáb, 9.30-12.30 h**
**y 15.30-20 h.**

Bonita tienda en la que coexisten piezas antiguas cuidadosamente seleccionadas y mobiliario de diseño realizado allí bajo la dirección de Luciano Marzola, el dueño. Los sillones en cuero de camello de formas originales merecen ser vistos. Los muebles de jardín apilables en hierro forjado son un hallazgo. La empresa trabaja para los hoteles y restaurantes de lujo de Marrakech y ha creado piezas para películas como *La momia* o *Koundoun,* entre las que se puede admirar el trono del jardín.

### Maison d'Été

**17, rue de Yougoslavie (B1-2)**
**☎ 02 43 60 61**
**TLD, excepto dom, 9.30-12.30 h y 15.30-19.30 h.**

En esta bonita tienda de decoración encontraréis mantas de viaje zaián, muy suaves, en colores variados (entre 1.200 y 1.500 Dh) y totalmente tejidas a mano; telas de seda vegetal en rojo anaranjado con reflejos castaño dorados, pero también una gran variedad de cojines con lentejuelas y numerosos objetos como palmatorias, lámparas, vasos de té…

## Côté Sud

4, rue de la Liberté (B1-2)
☎ 024 43 84 48
Lun-sáb, 9-12.30 h y
15-19.30 h (ver, 16-20 h).

Esta tienda que marca las tendencias de la moda de decoración es una mina donde encontrar regalos decorativos o útiles para la casa o para el comedor: vasos de té pintados o con filigrana, vajillas, manteles, cuberterías, palmatorias o frascos.

## Deux Mille et Une Nuits

Km 4 de la carretera de Casablanca (frente al centro comercial Marjane)
☎ 024 31 02 04
Lun-sáb, 9.30-13 h
y 15-19.30 h
(ver, 10.30-13.30 h
y 17-19.30 h).

Un poco alejado pero fácil de encontrar (todos los taxistas conocen Marjane), este almacén de muebles y decoración merece ciertamente el desplazamiento. En contraste con los amontonamientos de los zocos, las lámparas, los objetos de decoración y los muebles en madera o metal están expuestos en un espacio amplio y cálido.

## Darkoum

5, rue de la Liberté (B1-2)
☎ 024 44 67 39
Lun-sáb, 9-12.30 h y
15.30-20 h (inv, 19.30 h).

Como su nombre indica (*darkoum* significa «vuestra casa» en árabe), este inmenso espacio de tres pisos está enteramente consagrado al mobiliario. El estilista Frédérique Birkemeyer, siempre buscando nuevos horizontes, investiga la fabricación de muebles

(materiales de procedencias e inspiración múltiples) y de tejidos artesanales salidos de sus talleres tradicionales.

## African Lodge

1, rue Loubnane (B2)
☎ 024 43 95 84
10-13.30 h y 15.30-20 h.
Dom con cita previa.

Más cercano a una galería de arte que a una tienda, este espacio inaugurado en 2006 recoge las creaciones más apreciadas de Laurence Corsin, un artista francés instalado desde hace mucho tiempo en Marrakech. Dejando libertad a su atracción por el arte puro, ha reunido aquí objetos decorativos inspirados en temas africanos. Mobiliario, accesorios y telas, reproducidos a partir de viejas fotos, ocupan la planta baja, mientras que en el entresuelo está lo que Laurence llama su «bazar de regalos». Allí encontraréis platos (entre 140 y 190 Dh la pieza), vasos (70 a 100 Dh

la unidad), con motivos aborígenes africanos, grandes lámparas originales en latón y chapa pintada, e incluso una línea de joyas de diseño propio.

## Kif Kif by Stef

8, rue Laksour (D2)
☎ 061 08 20 41
www.kifkifbystef.com
10-13 h y 16-20 h;
cierra dom.

Enclavada en el centro de la medina, esta pequeña tienda es una mina de ideas para regalos. Vasitos y jarros pintados a mano (a partir de 40 Dh la pieza), osos y camellos de peluche, juegos de café, palmatorias, bolsas de tela, ropa para niños y libritos con fotos de Marruecos, todo aquí habla del amor de Stéphanie por Marrakech. Sabed que, siguiendo los principios del comercio solidario, el 50 % del precio de algunos artículos va a parar directamente a la asociación de mujeres que los fabrican.

## ENVÍO DE MUEBLES

No temáis si os habéis encaprichado de un objeto grande. La mayoría de las tiendas se encargan de embalarlo y hacéroslo llegar mediante un transportista. Los productos de artesanía pasan los controles aduaneros sin problemas. No os preocupéis por las lámparas, pues los enchufes y el voltaje son como los europeos.

# Madera y cestería

**Artesanía popular por excelencia con precios reducidos, la cestería es una actividad mixta que se practica en muchos hogares. El trabajo en madera requiere muchos oficios: el carpintero fabrica muebles; el lutier, instrumentos musicales; el tornero, las piezas de ajedrez y los recipientes, y los ebanistas y especialistas en marquetería hacen auténticas obras maestras de la minuciosidad.**

encontraréis aquí una multitud de fuelles de todos los tamaños y clases. Los precios van de 120 a 300 Dh por los de madera y cuero con incrustaciones de hueso (de vaca), recubiertos con plaquitas de metal cincelado, o simplemente pintados.

### Anjoudi Abdelslam Vannier

**Complejo artesanal nº 17 Av. Mohammed-V (B-C2) TLD, 8.30-13 h y 14.30-19 h.**

Podréis escoger entre el surtido de capazos, cestas y paneras de todas las formas y tamaños en caña, junco, palma, palmera datilera o cuerda, asesorados por un artesano que os dará información práctica (solidez, mantenimiento…). Lo más importante: la calidad del cuero de las asas y las costuras de los fondos.

### Artisan Souffletier

**Complejo artesanal nº 10 Av. Mohammed-V (B-C2) TLD, 8.30-13 h y 14.30-19 h.**

Los afortunados que tengáis una chimenea en casa

### Ouamhane

**27-29, souk el-Ghassoul (ver zocos) ☎ 024 39 03 88 TLD, 9.30-19 h.**

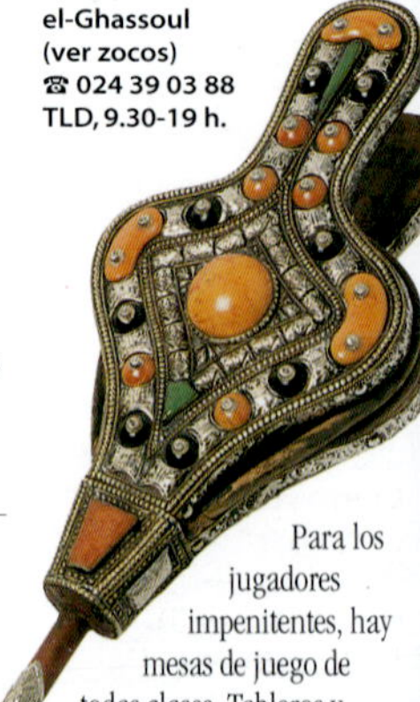

Para los jugadores impenitentes, hay mesas de juego de todas clases. Tableros y piezas de ajedrez esculpidas (comprobadlas una por una), juegos de backgammon

y de damas y, por supuesto, los clásicos objetos en tuya.

## Himmi Medhi

**32-34, souk el-Ghassoul (ver zocos)**
☎ 024 39 04 26
TLD, 9-19 h.

Esta tienda especializada en cuero expone a la entrada una gran variedad de alpargatas. Formas y colores para todos los gustos (entre 50 y 150 Dh).

## Mohamed Essaïdi

**18, souk el-Ghassoul (ver zocos)**
TLD, 9-19 h.

Grandes sillones en hoja de palma trenzada increíblemente cómodos, veladores y taburetes en paja, pies para lámparas forrados en cuerda, además de otros artículos de madera, surten esta pequeña tienda en la que trabaja el artesano.

## Chez Hicham Oulahine

**Fhal Chidmi
6, rue Mouassine (D2)**
TLD, 9-19 h.

Pequeña tienda para los músicos en ciernes.

*Djembés* de todos los tamaños en maderas claras u oscuras, *akalal* adornados con dibujos a la *henna*, cuadrados o triángulos de doble cara para tocar con las yemas de los dedos, flautas y *ghaïtas* de sonoridades variadas.

## El-Farouki Abdelkarim

**65 bis, rue Sidi el-Yamani-Mouassine (D2)**
☎ 024 42 64 93
TLD, 8.30-19.30 h.

Aquí encontraréis una bonita selección de productos artesanales en madera: botes, cofres, pies de lámpara, marcos en tuya, ensaladeras en olivo, bandejas de marquetería en las que se mezclan el nácar y la madera amarilla del limonero, y, para los amantes de las barbacoas, los pinchos para brochetas con mangos pintados (60 Dh la docena).

## Plaza Rahaba Kdima

**Mercado del mediodía (D2)**

En el centro de la plaza, sentadas en el suelo frente a mostradores improvisados, mujeres con velo venden productos cotidianos, como cestas de esparto en las que la espiral está totalmente mezclada con bolsas de plástico recuperadas, paneras y otros artículos de esparto.

## Ahmed El Louami

**218, rue Riad Zitoun el-Jdid (D3)**
☎ 062 77 83 47

La rafia, una fibra totalmente natural, es cada vez más utilizada por los artesanos marroquíes, que rivalizan entre sí para crear piezas imaginativas. Es lo que hace Ahmed el Louami en su minúscula tienda en la que vende babuchas, sandalias y bolsos de formas, motivos y colores variados. Es imposible que no encontréis algo para vuestros pies.

### ¿QUÉ CESTERÍA ESCOGER?

Los artículos más claros (próximos al blanco) están trenzados con palmera datilera y son bastante frágiles. Para una cesta es mejor escoger uno de palmera salvaje, que es mucho más resistente. Se reconocen por su color ocre ligeramente gris. La caña y el junco son materiales más robustos, pero también menos flexibles.

# Cerámica

Si hoy quedan pocas piezas antiguas, se debe a que siempre han sido usadas para las necesidades cotidianas. Pero el arte de la cerámica se ha transmitido de generación en generación, y la producción marroquí ha perdurado y se ha diversificado. Los artesanos están cada vez más interesados en producir objetos meramente decorativos.

## Original Design

47, place des Ferblantiers (D3)
Bab el-Mellah
☎ 024 38 03 61
TLD, 9-19 h.

Paralelamente a los bellos objetos tradicionales, la tienda ofrece una línea de porcelana de barniz agrietado muy fina, con diseño y colores contemporáneos. Mención especial merecen los platos y bandejas rojas y cuadradas (150 Dh), las tazas de café con sus platillos (45 Dh), los boles y vasos grandes (35 a 45 Dh) y las ensaladeras de un rojo oscuro, cuyo elevado precio se explica por el número de capas que hay que dar a la pieza para conseguir ese color intenso.

## Chez Abdeljalil

48, souk el-Ghassoul
(ver zocos)
TLD, 9-19.30 h.

Numerosas piezas monocromas (azul, amarillo, verde, rojo, anaranjado) se acumulan en este pequeño negocio en el que seréis bien recibidos. Ceniceros, boles, bandejas y, sobre todo, una gran variedad de platos y tajines de diversos tamaños.

## Art et Décor

50, rue Sidi el-Yamani-Mouassine (B-D2)
☎ / ✆ 024 44 08 72
TLD, 9-20 h (ver, 20.30 h).

Cubiertas para mesas redondas, cuadradas o rectangulares, en mosaicos de todos los colores. Posibilidad de comprar también la base de la mesa. Los precios varían según la dificultad de los motivos y el tamaño (a partir de 250 Dh).

## Chez Khalid

4, Fhal Chidmi-Mouassine (D2)
TLD, 9-19 h.

Una variada colección
de objetos de calidad diversa
se acumula en este pequeño
espacio. Hay ceniceros,
bandejas y jarros de cerámica,
además de toda clase de
frascos (para guardar el agua
perfumada de rosas o azahar
para refrescarse las manos)
en vidrio coloreado o no,
guarnecidos de metal
cincelado, y vasos para el té,
con o sin base metálica.

### Abelkrim el-Moumen

**85, souk El-Hanna-Smarine
(ver zocos)
TLD, 9-20 h.**

Situado en una pequeña plaza,
este espacioso almacén está
especializado en la cerámica
blanca y azul de Fez. Filas de
jarros con motivos diferentes,
bandejas y platos de todos
los tamaños, vasos de formas
variadas y enormes vasijas
a las que el artesano añade
en la misma tienda sus
soportes metálicos.

### Chez Abdel

**17, souk des Teinturiers
(ver zocos)
☎ 071 311 823
TLD, 9-21 h.**

Abdel busca formas nuevas
utilizando materiales
tradicionales como la arcilla,
el *tadlack* o el *maichor*.
Su pequeña tienda rebosa
de creaciones de inspiración
japonesa. La calidad es
irreprochable y justifica
plenamente los precios algo
más altos que los de sus colegas.

### Art Poterie

**26, souk Labradia (D2)
(al lado del zoco de los
tintoreros)
☎ 024 44 29 13
TLD, 9-19 h.**

Siempre atento a las últimas
tendencias, Youssef sólo
elige para su tiendecita de
la medina las piezas más
de moda. Encontraréis en sus
estanterías juegos de té o de
café, ceniceros o palmatorias,
bandejas y platos en cerámica
roja de barniz agrietado,
vajillas en negro metalizado
que producen un gran efecto
(70 Dh taza y plato de café).

### Akkal

**Nº 322 Sidi Ghanem (FDP)
☎ 024 33 59 38
www.akkal.net**



Situado cerca de la plaza
Jemaa el-Fna, vecino de la
mezquita Quessabine, el
zoco de los ceramistas se ha
dejado, desafortunadamente,
invadir poco a poco por
numerosos bazares que
venden un poco de todo.
Por el contrario, en el zoco
de los tintoreros, cuya
actividad se va perdiendo,
cada vez hay mayor número
de ceramistas.

Auténtica referencia en la
cerámica barnizada de gama
alta, Akkal, que significa
«tierra» en lengua beréber, ha
conseguido bajo la dirección
de su fundadora, Charlotte
Barkowski, la fusión entre
las técnicas tradicionales
y el diseño contemporáneo.
El resultado es magnífico:
vajillas, palmatorias,
lámparas, pebeteros, pero

también marcos para fotos,
portadocumentos, ceniceros,
jaboneras, lámparas
y macetas decoradas en una
gama magnífica de colores
aperlados, marmóreos
o de barniz agrietado.
Un establecimiento con
reputación internacional.

# El trabajo del cuero

Artesanía tradicional por excelencia, el trabajo del cuero agrupa, aún hoy, varios oficios. Los comercios surgen tanto en la ciudad nueva como en la medina, y sus precios son más asequibles que en Europa.

### Plaza Vendôme

141, av. Mohammed-V (B-C2)
☎ 024 43 52 63
Lun-sáb, 9-12.30 h y 15-19.30 h, y dom, 9-13 h.

Situado en el centro de Guéliz, es un lugar imprescindible para los aficionados al cuero y al ante. Además de la calidad de los materiales y del trabajo, la tienda ofrece un gran surtido de trajes (clásicos, pero también de moda), maletas, bolsos y accesorios a precios tan razonables que están marcados en euros.

### City Look

43, av. Mohammed-V (B-C2)
☎ 024 44 98 81
TLD, 8.30-13 h y 15-19.30 h; cierra dom tarde.

La tienda garantiza la resistencia al lavado (30º y sin centrifugar) y la flexibilidad de los artículos de ante. ¡Los pantalones de cuero han sido sometidos a un tratamiento para resistir el agua y el fuego!

### Galería Birkemeyer

165-167, rue Mohammed el-Beqal (B1-2)
☎ 024 44 69 63
Lun-sáb, 8.30-12.30 h y 15-19.30 h, y dom, 9-12.30 h.

Cuero para toda la familia, niños incluidos, en esta gran superficie que parece más un depósito que una tienda. Gran variedad de modelos y de colores tanto en la ropa como en las maletas. Con una sencilla llamada, la casa envía un chófer a recogeros a vuestro hotel.

### Atika

34, rue de la Liberté (B1-2)
☎ 024 43 64 09
Lun-sáb, 8.30-12.30 h y 15-19.30 h (ver, 16-20 h).

Una zapatería que no tiene nada que envidiar a las europeas. Calidad irreprochable y modelos actuales que cambian según la temporada. Hasta los enfermos por la moda encontraréis algo con que calzaros.

## M.C.M.

**19, rue Ibn Aïcha (B1)**
☎ 024 43 97 25
Lun-sáb, 9.30-13 h
y 15.30-20 h.

Una buena relación
calidad-precio la de esta
tienda-taller. De ropa, sólo
pantalones de cuero y
minifaldas de ante a partir
de 1.000 Dh, pero en otros
materiales hay camisas,
chalecos, parkas…
En resumen, clásicos
de siempre.

## Mohamed el-Kaddaoui

**Complejo artesanal
nº 16 (B-C2),
av. Mohammed-V**

Artesano encuadernador que
ofrece artículos de escritorio
como carpetas, portapapeles,
tarros para lápices y
accesorios como estuches
con espejos, portamonedas,
portafolios en cuero liso
o repujado, natural o teñido.
Y como recuerdo
personalizado, graba al fuego
lo que queráis.

## Laqlib Saïd

**15, souk Harrarine el-Jadida
(ver zocos)
TLD, 9-19 h.**

La especialidad de la casa
es el bordado sobre cuero.
Bolsos, monederos o bolsas

se trabajan delante vuestro.
Elegid los artículos forrados
con tela, que resisten mejor
el paso del tiempo.
El cuero utilizado aquí
es muy claro, pero si deseáis
oscurecerlo, el dueño lo
hará delante de vosotros.
Sí, es suficiente con fregarlo
con aceite de tornasol para
conseguirlo.

## Mohamed ben Brahim

**1, souk Delaouine
(ver zocos)
TLD, excepto vier, 8-12 h
y 16-19 h.**

Situado encima de un
mercado de baldosas de
porcelana, este artesano corta
y cose pufs de cuero de cabra
previamente bordados
a mano. Un gran trabajo



Ésta es una práctica
habitual en Marrakech.
No dudéis en pedir
un modelo en otro
color, otro tamaño o,
incluso, con alguna
transformación.
La mayor parte de
las tiendas los realizan
con gusto en menos
de 48 h.

(los acabados interiores
lo avalan) a precios
razonables (a partir de
250 Dh el puf).

## Barradi Mohamed ben Sadik

**38, souk Ahaik
(ver zocos)
TLD, 9-20 h.**

Las babuchas bereberes
recubren casi completamente
las paredes de este local.
Recomendamos las de colores
(rojo, amarillo o beis) y con
forma redondeada. Los precios
no son muy caros (alrededor
de 55 Dh el par) y también
encontraréis, por algunos
dírhams más, las auténticas
Goodyear, que, como indica
su nombre, están cortadas
de los neumáticos.

# Alfombras

**La elección de alfombras es un auténtico ceremonial que es necesario conocer, aunque no compréis nada. El comerciante desplegará ante vuestros ojos docenas de ellas de diversa procedencia que os dejará admirar a placer mientras bebéis un té a la menta.**

### Bazar Jouti

**119, souk des tapis (ver zocos)**
☎ 024 44 32 19
TLD, 10-19 h.

Si la empresa consigue desde hace mucho tiempo el favor de la clientela local, se debe en buena parte a la amable personalidad del dueño. Hadj Ahmed Jouiti es un experto que sabe comunicar su amor por las alfombras, y si mostráis un poco de interés, no dudará en desplegar sus antiguas alfombras bereberes.

### Chez les Nomades

**32-34 Bradia el-Kdima (D2)**
☎ 024 44 22 59
TLD, 9-19.30 h.

La consigna de la casa es no atosigar al cliente. Seréis bien acogidos en este gran almacén de tres plantas sin sentiros presionados para comprar, y así podréis admirar tranquilamente las alfombras *tazenakht, azrou* o *zemmour* de 30, 40 o 50 años. Pedid que os enseñen la terraza, desde donde se tiene una visión de 360° sobre el conjunto de la medina y, en primer plano, las madejas de lana de los tintoreros colgadas sobre los tejados.

### Arts de Marrakech

**85, place Rahba Kdima (D2)**
☎ 024 44 53 85
TLD, 9-20 h.

La tienda, que se reconoce por las numerosas alfombras colgadas de su fachada, ofrece en particular artículos de Haouz (la gran planicie de Marrakech), de dibujos asimétricos esparcidos en fondos degradados de rojo a anaranjado. Las alfombras abigarradas confeccionadas por mujeres que, al no tener dinero para conseguir la materia prima, las confeccionan a base de retazos

de telas de segunda mano, tienen muy buenos precios (desde 400 Dh).

## La Porte d'Or

**115, souk Smarine (ver zocos)**
☎ **024 44 54 54**
**o 024 42 71 71**
**TLD, 9-19 h.**

Este gran *riad* decorado con escayola cincelada es un sitio frecuentado por todas las celebridades de paso. Pedid que os enseñen el libro de oro, que M. Lioua, la simpática dueña, exhibirá con gusto y orgullo. Insistid en que os enseñen las piezas más antiguas, que no siempre están a la vista.

## Château des Souks

**44, souk Smarine (ver zocos)**
☎ **024 42 64 10**
**TLD, 9-19.30 h (ver, 20 h).**

La tienda ofrece una gran variedad de alfombras, la mayoría contemporáneas, pero os la recomendamos, sobre todo, por sus tapices, que pueden servir como cubrecamas, pero también para las paredes. Una gama de precios que va de 200 a 2.000 Dh.

## Palais Saadiens

**16, rue Tarik Moulay Tayeb-el Ksour (B3)**
☎ **024 44 51 76**
**TLD, 9 a 19 h.**

Instalado en un gran *riad* con magníficos techos de madera pintada, este almacén de dos pisos es un buen lugar para quienes queráis comprar una alfombra lejos del bullicio de los zocos. Tienen artículos

de todas las procedencias, la mayoría fabricados recientemente. Además, disponen de espacio suficiente para poder comparar varios a la vez.

## Bazar beréber

**176-181, souk El-Kbir-Nejjarine (ver zocos)**
☎ **024 39 03 85**
**TLD, 9-19.30 h.**

Bajo un hermoso techo de cedro y entre otros productos

artesanales (cerámica de Fez, joyas bereberes), el bazar ofrece alfombras del Alto Atlas. Atención especial merecen las *tazenakht* con motivos geométricos o florales con fondos anaranjados o azules y algunos viejos albornoces tejidos.

### LO QUE DEBÉIS SABER

La mayoría de los comerciantes abusan de la palabra *kilim*, pues designa a las alfombras tejidas de pelo corto (en oposición a las anudadas de pelo largo) y reversibles, cuya producción en Marruecos es relativamente reciente, pero avanza muy deprisa. La delicadeza de sus colores y la densidad de los motivos, regularmente repartidos, pueden ser la causa de su éxito. No hay que confundirlas con las *hambel*, tejidas al estilo tradicional beréber (casi siempre a rayas) y a menudo utilizadas como cubrecama.

# Fundición,
## latonería y hojalatería

**Sector privilegiado de la artesanía marroquí, el trabajo de los metales perpetúa técnicas ancestrales llevadas a cabo con instrumentos muy rudimentarios. La delicadeza del cincelado y de los grabados es innegable, y los miles de objetos que se acumulan en los zocos os seducirán inevitablemente.**

son en realidad joyas supuestamente antiguas y armas tradicionales, puñales curvos (*koumiya*) y fusiles de fantasía (*moukkala*).

### L'Art Royal de la Gravure

**Complejo artesanal nº 8, av. Mohammed-V (B-C2)
TLD, 8.30-13 h
y 14.30-19 h.**

Arrodillado sobre un taburete acolchado, Mohamed Essaouissi, armado con un martillo y un punzón, graba, frente a vuestros ojos, bandejas de cobre de todos los tamaños. Las más pequeñas no valen más de 45 Dh. Es difícil resistirse.

### Zimroda

**128, rue Dar el-Bacha (C2)
Bab Duokkala
☎ 024 44 31 12
TLD, 8.30-19.30 h.**

Los «artículos curiosos», como está escrito sobre la puerta de entrada de la tienda,

### Hicham Labbani, artesano animalista

**Complejo artesanal nº 15, av. Mohammed-V (B-C2)
☎ 024 38 68 33
TLD, 8.30-13 h y 14.30-19 h
(ver, 20 h).**

Hicham Labbani está especializado en esculpir animales en cobre o en latón. Las originales creaciones que

están expuestas revelan una cierta preferencia por los insectos y las aves. Gallos y grullas de todos los tamaños (de 200 a 3.000 Dh), veletas colocadas en fila, saltamontes y escorpiones, entre otras encantadoras representaciones.

## Artesanía Al Koutoubia

**54, bis, Fhal Chidmi (D2)**
**Mouassine**
**☎ 024 44 46 09**
**o 066 64 34 61**
**TLD, 9-20.30 h.**

Lámparas y más lámparas, de todas las formas y colores, de hierro blanco o forjado, en cobre o en alpaca, en estaño retorcido o calado, con pie de cabra pintado a la *henna* o adornadas con pequeños cuadrados multicolores para los amantes de la luz suave. Para colgar, aplicar a la pared o incluso para plantar en el jardín. En resumen, es imposible no encontrar una lámpara que os satisfaga, más aún sabiendo que los precios van de los 100 a los 500 Dh.

## Founoune Marrakech

**28, souk des teinturiers**
**(ver zocos)**
**☎ 024 42 62 03**
**TLD, 8.30-20 h.**

Colgados a un lado y otro de esta tienda estrecha y alargada hay multitud de lavamanos redondos, ovalados o rectangulares, en cobre o en latón, lisos o martillados, pero también enormes lámparas o ventrudos escalfadores.

## El Fanouss

**Souk Edlaouine nº 1, cerca**
**del zoco de los tintoreros**
**(ver zocos)**
**☎ 024 42 70 18**
**o 061 67 55 51**
**TLD, 9.30-19 h (ver, 20 h).**

Habituados a trabajar sobre pedido, estos artesanos proveen a buen número de *riads* de la medina y a villas particulares del palmeral. La producción, de muy buena calidad, es inoxidable, según el dueño. Al lado de las lámparas y apliques murales hay lavamanos, bañeras de cobre, vasijas…

## Doukkali Frères

**95, av. Hoummane**
**el-Fetouaki (D3)**
**☎ 024 44 46 09 o 066 70 84 41**
**TLD, 8-13 h y 14.30-18.30;**
**cierra dom.**

En este gran local, forjar el hierro es una vocación familiar. El cobertizo del fondo, que sirve de taller, es un auténtico depósito de chatarra en el que hay multitud de modelos. Hay piezas de mobiliario, sillas, sillones, soportes de mesa con o sin la cubierta, en mosaico o en vidrio, tumbonas…

## Hamid Décor Fondré

**121, rue Mouassine (D2)**
**☎ 068 10 09 46 (taller)**
**TLD, 9.30-20 h.**

Además de trabajar con materiales tradicionales, los artesanos marroquíes se han lanzado hace poco a utilizar el aluminio. El resultado ha tenido éxito: ceniceros (a partir de 60 Dh), bandejas cuadradas o rectangulares (a partir de 200 Dh), pero también apliques murales, pies de lámparas o marcos para fotos. Sólo un problema: el peso de los objetos es sensiblemente mayor que el de sus homólogos en cobre o latón.

Llamadas Aid el-Broud (fiestas de la pólvora) en árabe, las fantasías (del latín «diversión») son simulaciones de acciones militares tradicionales. Las apretadas filas de jinetes lujosamente vestidos y con sus puñales al cinto se suceden en oleadas, de pie sobre los estribos, disparando salvas con sus *moukkalas*, unos fusiles de cañón largo con las culatas cinceladas.

# Antigüedades
## y chamarilería

**No hace mucho tiempo que en Marrakech abundaban las antigüedades fabulosas, pero poco a poco disminuyeron hasta casi desaparecer. Hay una fuerte competencia, y muchos habitantes de la ciudad están a la caza de la oportunidad. A pesar de ello, los expertos aún podéis encontrar un pequeño tesoro en el fondo de alguna tiendecilla.**

### La Caravane du Sud

23, rue Ibn Aïcha (B1)
☎ 024 43 08 28
Lun-sáb, 9.30-21 h.

Un almacén estrecho y sobrecargado donde hay que abrirse paso entre los muebles. Gigantescas arañas, estatuas de bronce, relojes de péndulo, vajillas de porcelana, lámparas. Una colección de cuadros orientalistas de principios y mediados del s. XX, en la que hay algunas piezas dignas de interés. Un lugar ligeramente fuera del circuito, pero muy conocido por los expertos en la ciudad.

### Amazonite

94, bd El Mansour Eddahbi (B2)
☎ 024 44 99 26
Lun-sáb, 9.30-12.30 h. y 15.30-19.30 h.

Una tienda reservada a los amantes de las antigüedades. Los miembros de la familia Amine Idrissi, unos buenos profesionales, sólo se abrirán a vosotros si demostráis un interés auténtico por el arte y los objetos antiguos. Conservan hallazgos encontrados en cualquier lugar del territorio. Estuche de servicio de té para viajes, lavamanos en plata maciza,

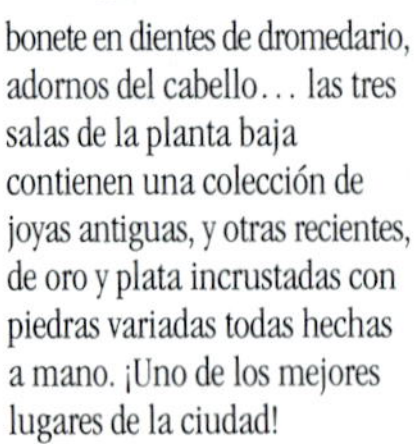

bonete en dientes de dromedario, adornos del cabello… las tres salas de la planta baja contienen una colección de joyas antiguas, y otras recientes, de oro y plata incrustadas con piedras variadas todas hechas a mano. ¡Uno de los mejores lugares de la ciudad!

### Targa Brocante

3, carretera de Targa
TLD, excepto dom tarde, 9.30-12.30 h y 15-20 h.

Aunque un poco alejada, esta pequeña tienda vale el esfuerzo de desplazarse. Mobiliario y adornos de los años 1950, lámparas, vasos y bandejas de vidrio. Los chamarileros apasionados disfrutarán inspeccionando cada rincón de la tienda.

## Khalid Art Gallery

**14, rue Dar el-Bacha (C2)**
**☎ 024 44 24 10**
**TLD, 9-19.30 h.**

En un bonito patio sobriamente decorado, Khalid el-Gharib, el propietario, gran amante del arte islámico, expone su bella colección de antigüedades. Cerámica del s. XVIII, armas bereberes y otomanas de los ss. XVIII y XIX, lámparas de mezquitas, pinturas orientales del s. XIX, fuentes de mármol, además de creaciones contemporáneas de muy buena factura. Un lugar muy apreciado en Marrakech.

## Atlas Cadeaux

**20-21, rue Sidi el-Yamani**
**Ksour (D2)**
**☎ 024 44 33 49**
**TLD, 8.30-20 h.**

Bien situado (se puede ir en taxi), este inmenso local de dos plantas rebosa de objetos artísticos y antigüedades. Algunas piezas de cerámica antigua, magníficos tapices murales y adornos bereberes para la frente. Si practicáis la equitación, encontraréis

sillas antiguas con toda su guarnición.

## Fondouk Benchibaba

**Bab Fteuh (D2)**
**Horario muy variable.**

Reconocible por los vendedores de menta que se sitúan a la entrada, este viejo fondac alberga en el 1er piso un almacén de artículos de oportunidad en el que la mercancía muchas veces está dentro de cajas de cartón. Los auténticos aficionados veréis seguramente recompensada vuestra paciencia, pues los hallazgos no son tan raros y los precios son moderados.

## Sud Broc

**Nº 65, frente a la fuente**
**Mouassine (D2)**
**TLD, 9.30-19 h (ver, 20 h).**

Consiste en dos pequeñas vitrinas sobrecargadas de

viejos relojes de bolsillo, medallas, insignias militares, sables cortos curvos... Algunas piezas de juegos de café de porcelana, vasos desaparejados, y toda clase de objetos insólitos de variadas procedencias.

## Mustapha Blaoui

**142-144, rue Bab Doukkala**
**(D2)**
**☎ 024 38 52 40**

Tras una pesada puerta doble se encuentra el enorme almacén de Mustapha Blaoui. Auténtica cueva de Alí Babá rebosante de tesoros artesanales. El sitio lo frecuenta mucha gente de paso en la ciudad roja, pero si sabéis mostraros convincentes, el dueño se transformará en anticuario y os mostrará los muebles y objetos antiguos que conserva celosamente para sus mejores clientes

## COMPRAR UNA ANTIGÜEDAD

Los anticuarios se ocupan en vuestro lugar de realizar las formalidades necesarias para la exportación de objetos de más de 100 años, pues saben cómo resolver el asunto ventajosamente. También se encargan del envío de los objetos a cualquier rincón del mundo. Pedidles detalles sobre los seguros.

# Mercados

**Auténticos privilegiados del comercio en Marruecos, los mercados forman parte de la vida cotidiana. Aunque los zocos tienen en la actualidad unas características cada vez más dirigidas al turismo, algunos conservan su verdadera esencia. En ellos tendréis a menudo la ocasión de sumergiros en la realidad marroquí con total tranquilidad.**

### Mercado de Bab el-Khmis

**Bab el-Khmis (D1)**
TLD, 9-20 h.

Tras las murallas de la «puerta de los jueves» se encuentra el mercado de los encantes de Marrakech, una especie de gigantesca chamarilería

muy frecuentada por los turistas. Un buen dato: el sitio es particularmente interesante antes de las grandes fiestas, pues la necesidad de dinero obliga a algunas personas a deshacerse de objetos personales. Bajo las arcadas, las tiendas de ropa nueva o de ocasión, vajillas a menudo de segunda mano, repuestos variados para coches... y sobre el suelo, una multitud de objetos, a veces completamente incongruentes.

### Zoco Lizdihare

**Bab Doukkala (C2)**
TLD, 9-20 h.

Aquí se reúnen los libreros de lance que ofrecen obras en

árabe y en francés. Para los bibliófilos, los clásicos frecuentemente, muy maltratados; para los aficionados al mundo del espectáculo, viejas revistas *Gala*; para los de las fotonovelas, números de *Nous Deux*; pero también cómics mensuales (*Mustang, Zembla, Rodéo...*), revistas de cocina y de moda... Además es un mercado de frutas y verduras en el que se proveen los vecinos.

## Zoco de Bab Doukkala

**(C2) TLD, 17-21 h.**

Pegado a la muralla, en una gran hondonada pedregosa, se instala cada día un mercado espontáneo y totalmente auténtico. Sobre mantas tendidas en el suelo, una oferta variada, a menudo de objetos usados. Herramientas viejas, repuestos para reparar, pedales de bicicleta, ropa y calzado de ocasión, llaveros, hebillas de cinturón, gafas, cortaplumas... Una multitud de curiosos, la mayoría hombres, se reúne en torno a los vendedores más charlatanes o en los puestos de tiro con escopeta improvisados sobre carros tirados a mano.

## Mercado del Mellah

**Rue Houmman el-Fetouaki (acera de la derecha, frente al palacio El-Badi) (D3) TLD, 7-13 h.**

Una gran parte de este antiguo mercado cubierto ha sido invadida por los vendedores de aves vivas. La gente se pasea por entre el alocado

cacareo que sale de los puestos transformados en jaulas que guardan pollos y otras aves. Algunos conejos también esperan el golpe de gracia. En el centro, un mercado de pescado en el que doradas, salmonetes o peces de san Pedro no hacen muy buena cara.

## Zoco Rabie

**Barrio Sidi Yusef ben Alí Bab Aylen (E2) TLD, 9-21 h.**

En una deslumbrante exhibición de color, miles de piezas de cerámica se exponen en este zoco permanente, situado a lo largo de la carretera, en el exterior de las murallas. El ambiente no tiene nada que ver con el bullicioso y animado de los zocos de la medina. Aquí reina el orden y las piezas se alinean correctamente unas al lado de las otras. Se encuentra todo lo que se fabrica actualmente, la cerámica beréber corriente en arcilla oscura, la pintada de un solo color y de inspiración moderna, así como los modelos más clásicos con motivos tradicionales.

## Mercados mayoristas

**Carretera de Safi Bab Doukkala (C1-2)**

Instalados tras altos muros, los mercados de cítricos, verduras, frutos secos y grano ofrecen la ocasión de dar una ojeada a la vida de la ciudad. Un espectáculo que no tiene nada de turístico. Es necesario estar antes de las diez de la mañana para asistir a las transacciones que tienen lugar en medio del ir y venir de camiones sobrecargados y de carretas tiradas por mulas y asnos. Nada os impide ir y convertiros en compradores; siempre seréis bien acogidos por los vendedores.

### PRECIOS

Los precios que suele haber en los mercados (a excepción del mercado central, muy europeizado) desafían cualquier comparación. El regateo no está excluido, aunque en las verduras no aumentan mucho el precio inicial. Es posible encontrar un par de zapatillas de deporte (probablemente caídas de un camión) por 100 Dh.

# Gastronomía

**Algunas direcciones para todos los paladares delicados que deseen prolongar su viaje llevándose a casa algunos de los incomparables sabores orientales y experimentar con la preparación de tajines y otras maravillas.**

### Pastelería
### Chez Mirgon

**161, av. Mohammed-V (B-C2)**
**☎ 024 43 01 94**
**TLD, 7.30-12.30 h y 16-20 h; cierra dom tarde.**

Aunque es famosa por sus milhojas y por su *éclairs* de chocolate, la casa confecciona también excelentes pasteles marroquíes. Posibilidad de encargar (mínimo 24 h antes), pagando señal, deliciosos *briouat* salados o una *pastilla* que pueden resistir el viaje de vuelta si pedís el embalaje adecuado.

### Pastelería Hilton

**Pl. Abd el-Moumen (B1-2), esquina con la calle Yougoslavie**
**☎ 024 44 60 44**
**TLD, 5.30-22.30 h.**

Uno de los lugares más frecuentados de Marrakech, aunque no sea el mejor. Os la recomendamos, sobre todo, por la gran variedad de mieles naturales (de eucalipto, de tomillo…) que se venden entre 75 y 175 Dh el envase de 250 ml.

### Adamo

**44 bis, rue Taik Ibn Ziad (B1)**
**☎ 024 43 94 19**
**TLD, excepto dom, 8-13 h y 15-20 h.**

Un sitio excelente para aquellos que ya os habéis cansado de los pasteles marroquíes. En poco tiempo, Adamo se ha convertido en la mejor pastelería francesa de Marrakech, pero la casa también funciona como fonda y podéis encargar comidas completas, marroquíes o francesas, con la seguridad de que no os decepcionarán. ¿Y por qué no encargar una *pastilla* de pichón, bien empaquetada, para invitar a los amigos cuando regreséis a casa?

### Zoco de las aceitunas

**Bab Chouaïne (ver zocos), a continuación del zoco de los frutos secos.**

Una enorme cantidad de bandejas de vivos colores que contienen limones confitados, pimientos rojos y verdes, pepinillos y otros encurtidos se alinean en los estantes. Las aceitunas verdes, negras, moradas, lisas o arrugadas, aromatizadas con ajo, comino o cualquier otra especia, forman montañas brillantes que desprenden un aroma agridulce muy particular.

## Zoco de los frutos secos

**Entre la plaza Jemaa el-Fna y el zoco Smarine (ver zocos).**

Encaramados sobre sus taburetes por encima del entarimado, aprisionados entre sus capazos, los comerciantes de frutos secos, reducidos a la inmovilidad, os servirán con ayuda de un cucharón de madera de larguísimo mango. Es aquí donde debéis hacer vuestras compras de dátiles, higos, albaricoques y uvas pasas, pero también de nueces y almendras preparadas de gran variedad de formas.

## Zoco de las plantas secas

**Entre la plaza de Jemaa el-Fna y el zoco Smarine (ver zocos).**

Las infusiones forman parte de la vida cotidiana. Tiendas

enteras se dedican a la venta de hojas secas: té verde, envasado en cajas de cartón de diferentes tamaños; menta seca (la fresca también se puede llevar de viaje y mantenerla durante una semana dentro de una bolsita de plástico en la nevera), o incluso la luisa o verbena seca, cuyo perfume es incomparable. También hay mezclas preparadas que se venden a granel para el té a la menta.

## Zoco de las especias

**Pl. Rahba Kdima (ver zocos).**

Para lanzaros a cocinar tajines marroquíes a vuestro regreso, no dudéis en llevaros algunos saquitos de especias. A la cabeza de la lista, el comino, la pimienta dulce, el jengibre en polvo, pero también la cúrcuma, el cardamomo y, sin falta, el famoso *ras-el-hanout*, con sus 35 especias. Indispensables y más baratos que en Europa, los hilos de azafrán se venden en saquitos de un gramo (20 Dh).

## La Perle d'Olive

**Mercado del Mellah Av. Houmman el-Fetouaki (D3).**

En el interior del mercado cubierto está esta tienda de

condimentos, aceitunas, limones y pimientos, envasados en frascos pequeños. Fáciles de transportar para los que queráis hacer algunos regalos originales al regreso.

### DULCES

No resistáis la tentación de llevaros varios kilos de dulces o *briouats*, pues debéis saber que se conservan más de una semana en un bote de plástico cerrado e incluso varios meses en el congelador. En cuanto a las aceitunas y otros condimentos, una vez abiertos los envases, se conservan aún varios meses incluso fuera de la nevera.

# Compras en
## Esauira

**Esauira tiene la reputación de ser la ciudad más agradable de Marruecos para las compras. Aunque algunos comerciantes desafortunadamente han perdido su profesionalidad por culpa de la constante afluencia de turistas, el resto permanece, sin embargo, fiel a sus tradiciones y os dejarán hacer vuestras compras con total tranquilidad.**

### Galerie Mogador

3, rue du Yémen (A1)
☎ 024 47 66 17
TLD, excepto dom tarde, 9-20 h.

En un hermoso local con arcos en piedra se encuentra esta exposición de muebles en madera de tuya. Los escritorios, cómodas, mesas y sillones están bien diseñados y perfectamente acabados. La casa trabaja para grandes nombres como Alain Delon, Yves Saint Laurent, el hotel de la Mamounia…, y se ocupa de los envíos al extranjero. La calidad de los objetos decorativos justifica unos precios más elevados que los de los zocos.

### Riri d'Arabie

66, rue Boutouil (B1)
☎ 024 47 45 15
o 061 15 17 46
TLD, 10-19 h.

Al margen de los recorridos más trillados de la medina, esta pequeña tienda es una auténtica mina de hallazgos y su propietario es un auténtico chamarilero siempre de buen humor. En medio de un batiburrillo de libros viejos, objetos decorativos, monedas, gafas, relojes y ropa, animales disecados colocados sobre

muebles antiguos observan con fiereza este divertido cafarnaum. Vale la pena ir aunque sólo sea por el encanto del lugar y el placer de charlar con Riri, que ha reunido aquí, según sus propias palabras «todo lo inútil y agradable». Para quienes deseen aprovechar durante más tiempo la chispeante conversación de Riri, es posible saborear en el lugar un zumo de frutas o de verduras, beber un vaso de *harira* o comer «caviar» de berenjena a precios que desafían cualquier competencia.

### La Caverne du Djembe

4, rue El Mehdi Ben Toumert (A1)
☎ 013 15 06 23
TLD, 9-13 h y 15-19 h.

Artesano y músico, como se define él mismo, Essaid Rhatrhat fabrica durante el día en su diminuta tienda sus instrumentos favoritos. Hay que verlo colocar amorosamente las láminas de madera perfectamente ensambladas que forman el pie de los *djembés*, o acariciar con la punta

de los dedos la piel de cabra que estira con precaución hasta encontrar el sonido perfecto. Una dirección fiable para comprar con confianza.

### Cooperativa artesanal de los taraceadores

6, rue Khalid Ibn Walid (A1)
TLD, 9-13 h y 15.30-19 h.

Aunque aquí hay claramente menos dónde escoger que en la medina, el trabajo que los artesanos exponen es siempre de una calidad que os evitará sorpresas desagradables al regresar. Y aunque no compréis nada, al menos tendréis una buena referencia para comparar.

### Chez les Hommes Bleus

19, rue de la Skala (A1)
☎ 024 47 54 60
TLD, 9-20 h.

Como su nombre indica, esta tienda sólo vende objetos y utensilios que hayan pertenecido a los tuareg, los nómadas del Sahara. Las viejas esteras de cestería bordadas con lana roja, viejos caftanes aceptablemente usados, *choukara* teñidas (esas bolsas que se llevan en bandolera), los inmensos bolsos de cuero que se cuelgan en las sillas de los dromedarios y que sirven de cojines en las paradas para descansar, enormes jarras ventrudas para conservar los alimentos…

### Tarza

Rue Attarine (A1)
☎ 024 47 49 20
Lun-sáb, 9-12 h y 14-18 h.

Es una exposición de joyas étnicas muy bien hechas, creadas por un artesano que ama su trabajo y que nunca repite la misma pieza. Piedras variadas montadas en plata, inspiradas en joyas bereberes. Precios fijos pero nada extravagantes.

## EL TRABAJO EN MADERA

La madera más clara y uniforme proviene del tronco del árbol, mientras que la que tiene nudos, vetas o manchas proviene de la raíz. La calidad de los acabados depende, por supuesto, de la finura del trabajo, pero debéis saber que una madera mal secada es propensa a agrietarse debido a la humedad. El brillo de la madera se consigue frotándola con goma arábiga y alcohol de quemar.

### Kif Kif by Stef

204, pl. du Marché aux
Grains (B1)
☎ 061 08 20 41
TLD, excepto dom,
10-14 h y 16 a 20 h.

Ver página 111.

### Gipsy Surfer

14, rue Tétouam (A1)
☎ 024 78 32 68
TLD, 9.30-20 h.

Para los aficionados al surf
que hayáis olvidado vuestro
equipo en casa, esta tiendecita
representa a la marca Ripcurl.
Aquí se encuentran tablas,
planchas con vela, calzado,
pero también todo tipo

de ropa deportiva, trajes de
baño, gafas de sol y demás
accesorios necesarios tanto
para la práctica de deportes
náuticos como para el *dolce
far niente* en un balneario.

### Chhibat

7, rue Caichaouni (A1)
Pl. de l'Horloge
☎ 066 78 38 79
o 01223 03 43
TLD, 9-13 h y
15.30-19.30 h.

Para que unas babuchas
se conviertan en un accesorio
único y a la última moda,
sólo es necesario encargárselas
a Abderrahim, que os las
confeccionará a medida en su
tiendecita. Bordadas,

multicolores, de formas muy
puntiagudas, con un poco
de talón y con fondos dorados,
y ya tenéis un calzado único
tanto por la comodidad como
por la moda.

### Cerámica beréber

Pl. aux Grains nº 116 (B1)
☎ 061 77 52 09
o 024 47 43 35
TLD, 9.30-19.30 h
(ver, 20.30 h).

Un lugar ideal para tomarse
tiempo escogiendo sin ser
presionado. Como su nombre
indica, la tienda ofrece
un gran surtido de cerámica
beréber con rudimentarios
motivos geométricos (25 Dh
taza y plato y 150 Dh un
*tajine* pequeño que se puede
meter al horno o poner
directamente al fuego),
pero también hay vajillas
en cerámica fina de colores
maravillosos (120 Dh
el plato). Vasos de té pintados
o teñidos, botellas decoradas
y cofrecillos para regalo
con jabón, bálsamo para
el cuerpo y aceite de argán
completan la selección
de Aïcha.

### Trésor

57, av. de l'Istiqlal (B1)
☎ 024 78 40 39
TLD, 9-21 h.

Una bonita tienda en la que
las joyas están bien exhibidas.
Una multitud de anillos,
pendientes, collares y pulseras
de fantasía, montados
normalmente en plata.
Bonitos adornos bereberes
y tuaregs, mayoritariamente
contemporáneos, aunque una
pequeña vitrina a la derecha
de la entrada contiene, en
principio, joyas antiguas.

### Aux Produits Naturels

75, rue Sidi Mohammed ben
Abdallah (B1)
☎ 066 59 45 54
TLD, 9.30-21.30 h.

Sus estanterías están llenas
de botes de miel de diversa
procedencia. Probad la miel
de argán (120 Dh los 250 g) y
las almendras tostadas con
miel (100 Dh los 185 g).
También hay botellas de medio
litro de aceite de argán por

200 Dh y de 750 ml por 270 Dh. Todo de una gran calidad.

## Jamade

**21, pl. des Artistes (B1)**
**Bab Doukkala**
☎ **068 76 41 76**
**TLD, 10-13 h y 16-20 h.**

Situada en el exterior de la muralla, esta bonita tienda ha apostado por la calidad. Venden joyas de fantasía de diseño, bolsitos multicolores en cuero o en tela y, sobre todo, una bonita línea de ceniceros, palmatorias, teteras, tazas, azucareros y platos marcados Akkal, la línea de cerámica de la talentosa Charlotte Barkowski.

## Au Bonheur des Dames

**Pl. du Marché aux Grains**
**(B1)**
☎ **060 74 12 25**
**TLD, excepto dom, 10-13 h**
**y 16-19.30 h.**
Ofrece una colección de vestidos en tafetán de colores brillantes. Túnicas y capas semilargas (a partir de 560 Dh) y pantalones surtidos, pero también

babuchas bordadas, jabones, leches corporales, aceites para el baño y el masaje y perfumes al ámbar y al musgo de la marca Le Sens de Marrakech.

## Mogadoria

**116, rue Sidi Mohamed ben**
**Abdallah (B1)**
☎ **068 96 24 36**
**TLD, 9-20.30 h.**

Un sitio de oro puro para las «víctimas de la moda». Docenas de camisetas Custo, siempre abigarradas y perfectas, a precios tan maravillosos como 100 Dh las de manga corta y 130 Dh las de manga larga. La ocasión de comprar esos

regalos para los amigos que se han quedado en casa.

## Dar Papillon

**8, rue de Tétouan (A1)**
☎ **066 93 27 21**
**TLD, 9-12 h y 15-18 h**
**(aproximadamente).**

Una nueva tienda alegremente decorada que sabe seleccionar lo mejor de la producción local. Piezas de tela, manteles (a partir de 550 Dh), caminos de mesa y servilletas (150 Dh las diez) en seda vegetal, vajillas en cerámica refinada, tazas de café, vasos para el té, frascos y posavasos de vidrio o alpaca, todo a precios altos, pero de buena calidad.

# Salir: **datos útiles**

**Mientras que los románticos encontraréis un encanto sin igual en los aromas embriagadores de las noches de verano en Marrakech y optaréis por los paseos nocturnos o las cenas en jardines aromatizados con jazmines, los amantes de las noches movidas y de las luces de neón os encaminaréis a los locales nocturnos de Guéliz o del palmeral.**

## Seguridad

Todo depende del lugar al que vayáis, pero sabed que Marrakech es mucho más segura que la mayoría de ciudades europeas. Como en todas partes, las mujeres solas llaman más la atención y están más solicitadas. Para una tranquilidad absoluta, elegid las discotecas de los grandes hoteles. No llevar encima joyas de mucho valor es de sentido común.

### ORIENTARSE

Hemos indicado al lado de cada una de las direcciones de los capítulos «La estancia», «Ir de compras» y «Salir» su localización en el plano de situación del final de esta guía. Los planos de Esauira y de los alrededores se encuentran en el reverso del plano general.

## Instituto Cervantes de Marrakech

**14, av. Mohammed-V**

Inaugurado en 2007, se trata del sexto centro de la institución en Marruecos. Nuevo lugar de encuentro entre la cultura árabe y musulmana y la cultura en español, cuenta con una biblioteca dedicada al poeta, ensayista y profesor universitario José Ángel Valente, un lugar de referencia y de estudio de su obra literaria. Ocupa un edificio de 800 m$^2$ distribuidos en cinco plantas, y dispone de una terraza en la que se celebran actividades al aire libre. Programa disponible en Internet: www.marrakech. cervantes.es

## Cines

La elección depende de lo aficionados que seáis y de que sepáis suficiente francés. Si queréis ver una película reciente y en el orden cronológico real, optad por la única sala del Colisée (bd Zerktouni, información sobre el programa en el ☎ 024 44 88 93, 25 Dh en platea y 35 Dh en el anfiteatro, 15 y 25 Dh los lunes). Para una inmersión total en la realidad marroquí y si el ambiente local os interesa más que la película, podéis ir a cualquier otra sala de la ciudad. Quizá os miren con curiosidad, pero nadie se meterá con vosotros.

## Locales nocturnos

La mayor parte de las discotecas están en los hoteles, y por eso no vale la pena esforzarse en saber cuáles son las que están más de moda. Están muy poco frecuentadas los días laborables, pero se llenan los fines de semana. La clientela es relativamente joven, y la música, a la última moda. Es fácil encontrarlas porque todos los taxistas las conocen. Sabed que las discotecas pueden cerrar ya entrada el alba, en función de la concurrencia.

## Cenas-espectáculo

Es una de las combinaciones más extendidas, en particular entre los restaurantes marroquíes que no se han citado en la guía. La calidad del espectáculo (la danza del vientre, por ejemplo, no tiene nada de marroquí), como la de la cocina, deja, desafortunadamente, mucho que desear y su clientela consiste, sobre todo, en autocares de turistas. Puestos a seguir la corriente, podéis pasar una velada en Chez Ali (ver pág. 27) que os transportará verdaderamente al mundo de fantasía de las alfombras voladoras.

## Festival gnaua y Músicas del Mundo de Esauira

Desde su creación en 1998, el festival de Esauira se impuso como un acontecimiento cultural muy relevante y fue ganando importancia gracias a músicos internacionales y a un público cada vez más numeroso. En este extraordinario laboratorio de fusiones musicales, los maestros gnaua invitan a músicos de jazz, pop, rock o world a explorar nuevas vías. Se celebra en el mes de junio. Más información en www.festival-gnaoua.net

# Salir en Marrakech

1 - Al'Anbar
2 - Paradise
3 - Le Jad Mahal
4 - Gran Casino de la Mamounia

## Le Theatro

**Avenue Qadissia (C3)**
**El Hivernage**
☎ **024 44 88 11**
**TLD, 23-4/5 h de la**
**madrugada.**

Pegado al casino del hotel Saadi, el Theatro, que se ha convertido rápidamente en lugar de moda indispensable de las noches de Marrakech, conserva los espacios y la categoría que en 1940 tenía el antiguo cabaret que funcionaba allí. Entre noches temáticas, espectáculos de *night club* y DJ venidos de todo el mundo, el ambiente es siempre de encuentro. Burbujas translúcidas que parecen caer del techo como estilizados tótems de aluminio, las lámparas de un rosa anaranjado difuso, crean un ambiente eléctrico y cálido a la vez. Lo cierto es que la concurrencia aquí es del todo honorable.

## Al'Anbar

**47, rue Jbel Lakdhar (D3)**
☎ **024 38 07 63**
**TLD, 20.30-24 h.**
**Reserva aconsejable.**

Disimulado tras una gran puerta claveteada, el establecimiento impresiona por sus gigantescas dimensiones, sus suelos íntegramente cubiertos de mármol, sus innumerables puntos de luz y el tamaño imponente de la araña que domina la sala. Aquí podéis cenar en una de las más de cien mesas dispuestas en ligera pendiente, pero también tomar una cerveza y picar unas tapas y encontraros con los amigos en torno al largo mostrador de madera que corre a lo largo del patio cuadrado. Por la noche la discreta música de fondo deja su lugar a una orquesta.

## Paradise

**Hotel Kemjinski, Mansour**
**Eddahbi**
**Av. de France (B2)**
**TLD, 23 h-hasta el amanecer.**

Un *night club* muy apreciado en Marrakech con una rutilante decoración y luces intensas. Música actual. La entrada de 150 Dh da derecho a la primera consumición. Uno de los lugares favoritos de la juventud dorada.

## Gran Casino de la Mamounia

**Hotel Mamounia (C3)**
**Bab el-Jdid**
**☎ 024 44 45 70**

La sala de máquinas de juego abre a las 15 h y es de libre acceso. La gran sala de juego, que contiene 18 mesas, abre a partir de las 21 h. Se exige corbata y vestidos y calzado adecuados. Se puede ir simplemente a tomar una cerveza en la barra y observar a los jugadores.

## Le Jad Mahal

**10, av. Aroun Errachid (C3)**
**☎ 024 43 69 84**
**❶ 024 43 55 91**
**TLD, 20-2 h de la**
**madrugada.**

Mezcla de los refinados estilos marroquí e hindú, el establecimiento se divide en dos partes. En torno al patio central, el restaurante internacional, donde cenaréis instalados en los banquitos o taburetes situados alrededor de mesas bajas, y en el sótano, la discoteca, más espaciosa, para los que van a tomar una cerveza y bailar hasta el alba. Inaugurado en noviembre de 2003, el local no ha tardado en convertirse en uno de los lugares más de moda y más frecuentados de Marrakech.

## Le Montecristo

**20, rue Ibn Aïcha (B1)**
**Guéliz**
**☎ 024 43 90 31**
**TLD, 19-2 h de la**
**madrugada.**

Dos ambientes muy diferentes en este bar latino instalado en un caserón de Guéliz. En el terrado, alfombras rojo oscuro, velas, banquitos y cojines son un buen marco para saborear una cerveza bajo el estrellado cielo de Marrakech. En el piso, un bar moderno (cócteles con alcohol, 70 Dh) con pantalla gigante y música variada. Hay que destacar también el restaurante de la planta baja.

## Bowling Galaxy

**Hotel Palmeraie Golf Palace**
**Circunvalación del palmeral**
**TLD, 15-24 h.**
**Unos 60 Dh por pareja;**
**alquiler de calzado, 20 Dh**
**el par.**

Al finalizar la tarde o por la noche, ¿por qué no jugar un rato a los bolos? El lugar es como el resto de las boleras, el ambiente joven es muy correcto y podréis practicar mientras bebéis una cerveza o incluso picáis alguna fritura.

## White Room

**Hotel Royal Mirage (C2-3)**
**Av. de Paris**
**☎ 060 59 55 40**
**23-4/5 h de la madrugada.**

Blanco resplandeciente, depurada decoración 100 % a la moda, el nuevo club del hotel Royal Mirage se ha convertido en uno de los imprescindibles de la noche de la ciudad. Programación de música variada que se alterna con noches disco, rai, funk, latino, hip hop, tribal o R'n'B, y en las noches «World Clubbin», actuaciones en directo de DJ de renombre internacional. Calculad 100 Dh la entrada entre semana y 150 Dh los fines de semana.

## Le Tanzania

**Av. Moulay el-Hassan (B2)**
**Kawbab Center**
**☎ 024 42 24 49 o 061 40 20 20**

Primer establecimiento de este tipo en Marrakech. Le Tanzania juega la carta del todo en uno. Tiene un restaurante (especializado en parrilladas) encaramado en una tarima; su pista de baile visible desde todas partes y su dinámico bar hacen que este local al aire libre tenga más de café de playa que de local urbano. Aunque la cena a la luz de las velas suscita el romanticismo, el nivel de ruido hace inútil cualquier intento de conversación íntima.

## Le Pacha

**Bd Mohammed-VI (B2-3)**
**☎ 024 38 84 00**
**o 061 10 28 87**
**23-5 h de la madrugada.**

En la más pura línea del Pachá de Ibiza, al que no se parece mucho, Le Pacha de Marrakech, más que una discoteca, es un auténtico club nocturno con pistas de baile, bares, restaurantes y terrazas que miran al Atlas. Ambiente electrizante garantizado gracias a los mejores DJ y a un sonido simplemente excepcional.

## La Playa Roja

**A 10 km de Marrakech por**
**la carretera de Ourika**
**☎ 024 37 80 86 / 87**
**Lanzadera cada hora a**
**partir de las 10 h, frente al**
**Palacio de Congresos.**
**Entrada: 70 Dh, y con el**
**alquiler de un parasol,**
**150 Dh.**

Con una inmensa piscina (70 x 35 m) no muy profunda, rodeada por una playa artificial de arena y palmeras, una decoración contemporánea y un ambiente refinado, este restaurante inaugurado en mayo de 2006 ofrece platos por unos 350 Dh, creados por los hermanos Pourcel. En resumen: un lugar mágico donde pasar un día, pero también para cenar al aire libre y bailar sobre el pontón.

## ALGUNAS INDICACIONES SOBRE FONÉTICA

La r = r redonda
La gh = fuertemente gutural
La kh = equivalente a la j española
La h = h fuertemente aspirada

## FÓRMULAS DE CORTESÍA

Buenos días (por la mañana): sbah el khair
Que la paz sea con vosotros: s-salam alaykoum
Y que con vosotros sea la paz: alaykoum s-salam
Buenos días (por la tarde): masa el kaeir
Hasta la vista: b'slama
¿Cómo estás?: kideïr (masc.) o kideïra (fem.)
¿Qué tal?: labes
Bien, gracias a Dios: labes, el'hamdoullah
Perdóneme: smah liya
Gracias (corriente): choukran
Gracias (más cálido): barakallahoufuik (que Dios te dé suerte)
Por favor: afak
Sí: na'am / iyyeh
No: la
No, gracias: la-choukrane
Bienvenido: marhaba
Señor: sidi
Señora: lalla

## CONTAR

Cero: sefar
Uno: ouahad
Dos: jouj
Tres: tleta
Cuatro: arba'a
Cinco: khemsa
Seis: s'tta
Siete: sba'a
Ocho: t'menia
Nueve: t'soud
Diez: ach'ra
Once: hadach
Doce: tnach
Trece: tletach
Catorce: arbatach
Quince: khemstach
Dieciséis: stach
Diecisiete: sbatach
Dieciocho: t'mentach
Diecinueve: tsa'atach
Veinte: ach'rine

Treinta: tletine
Cuarenta: arbaïne
Cincuenta: khemsine
Sesenta: stine
Setenta: sba'ine
Ochenta: t'menine
Noventa: tseïne
Cien: miya
Mil: elf

## QUIÉN ES QUIÉN

Yo: ana
Tú: n'ta (masc.), n'ti (fem.)
Él: houwa
Ella: hiya
Nosotros: hna
Vosotros: n'touma
Ellos: houma
Hombre: rajel
Mujer: mera
Chica: bent
Chico: would
Niños: dréri

## ESPACIO Y TIEMPO

Domingo: nhar el hed
Lunes: nhar tnine
Martes: nhar tlet
Miércoles: nhar l'arba'a
Jueves: nhar l'khmis
Viernes: nhar jma'a
Sábado: nhar sebt
Ayer: l'barah
Hoy: l'youm
Mañana: ghedda
Por la mañana: lachiya
Noche: lil
Antes: qbel
Ahora: dabah
Después: men bad
Cuando: imta / fokach
Rápido: djhiya
Una hora: sa'a
Media hora: nouss sa'a
¿Dónde?: fine
Aquí: hna
Al lado: qrib
Lejos: beïd

## COMPRAS

¿Cuánto?: b'chhal
Caro: ghali
Barato: l'rkhis
Precio: tamane
Plata: flouss
Grande: kbir
Pequeño: sgheir
Azul: zraq
Verde: kh'dar
Rojo: a'hmar

Amarillo: l'safar
Marrón: qahoui
Negro: qhal
Blanco: bïed
Almacén: hanout
Mercado: souk
Banco: banka
Correos: al'barid / l'bosta

## EN EL RESTAURANTE

Plato: tobsil
Vaso: qas
Tenedor: fourcheta
Cuchillo: mouss
Cuchara: mal'ka
Agua: l'ma
Vino: chrab
Leche: khlib
Jugo de naranja: a'asser limoun
Carne: l'ham
Pollo: djej
Pescado: l'hout
Verduras: l'khodra
Ensalada: chlada
Pastel: haloua
Azúcar: soukar
Sal: mella
Pimienta: bzar
Mantequilla: seubda
Pan: khobs
La cuenta: l'hsab
Camarero: would

## ALGUNAS FRASES CORRIENTES

Yo no hablo árabe: ma n'tkellemch l'arabiya
No entiendo: ma femtch
No lo sé: ma n'arftch
¿Tienes…?: ouech endek…
No tengo dinero: ma endich flouss
¿Tienes monedas?: ouech endek chi sarf?
Ven a ver: aji tchouf
Enséñame esto: n'chouf hada
Dame…: ateni…
¿Cuánto vale esto?: bchhal tamane?
Quiero…: khsni…
No necesito…: makhasnich
Querría una habitación: bghit chi bit
¿Quién es?: ach kein?
No hay problema: ma kein mouchkil
¿Qué bebes?: ach bghiti?
Estoy enfermo: ana mrid (masc.), mrida (fem.)

Guía definida por: Nathalie Campodonico
Con la colaboración de: Sandra Guinand, Aurélie Joiris-Blanchard y Jean-Pierre Marenghi

Cubierta: Thibault Reumaux
Maquetación: Chrystel Arnould
Cartografía: Cyrille Suss y Aurélie Huot

## Créditos fotográficos

*Interior:*
Todas las fotografías de esta guía son de Laurent Parrault, excepto las de las páginas siguientes:

Los baños de Marrakech: pág. 49 (a.d); Michèle Baconnier: pág. 101 (a.d.); Kulchi: pág. 103 (a.d.); LB Cosmetics: pág. 107 (a.d.); Vincent T'Sas/Akkal: pág.114 (a.d.) y pág. 115 (c.d.).
Restaurante Dar Fez: pág. 91 (ab.c.).
Oficina de Turismo de Marruecos: pág. 42 (c.i.); P. Chauvel/Sygma: pág. 75 (a.d.); P. Saharoff/Hoa Qui: pág. 76 (a.d.).

*Cubierta:*
Laurent Parrault, excepto pareja abajo a la izquierda: **Digital Vision/Getty Images**

*Cuarta de cubierta:*
Laurent Parrault

*Solapa delantera:*
Pareja, **Digital Vision/Getty Images**

## Ilustraciones

**Virginia Pulm**

Coordina la edición: María José Guitián
turismo@editorial-bruno.es
© Hachette Livre (Hachette Tourisme)
© Cartografía: Hachette Tourisme
© Grupo Editorial Bruño, S.L., 2009
Juan Ignacio Luca de Tena, 15
28027 Madrid

Traducción, adaptación y realización: ORMOBOOK, servicios editoriales
Imprenta: Edigrafos, S.A.
Depósito legal: M-523-2009
ISBN: 978-84-216-8258-6
Impreso en España / Printed in Spain